Hans Christoph Buch

Standort Bananenrepublik

Streifzüge durch die postkoloniale Welt

zu Klampen!

Erste Auflage 2004

Röse 21 · D-31832 Springe
e-mail: info@zuklampen.de
www.zuklampen.de

Satz: thielenVERLAGSBÜRO, Hannover
Druck: Clausen & Bosse, Leck
Umschlag: Matthias Vogel (paramikron), Hannover

ISBN 3-934920-42-X

Bibliografische Information Der Deutschen Bibliothek
Die Deutsche Bibliothek verzeichnet diese Publikation in der Deutschen Nationalbibliografie; detaillierte bibliografische Daten sind im Internet über ‹http://dnb.ddb.de› abrufbar.

Inhalt

Anstelle eines Vorworts

Wer oder was ist postkolonial?

Ein Gespenst geht um in Europa: Das Gespenst des Eurozentrismus. Der deutsche Außenminister, der französische Staatspräsident, der britische Premier und sogar der Papst in Rom distanzieren sich eilfertig von ihm, und zum Beweis, daß die Absage an den Eurozentrismus ernst gemeint ist, soll die Türkei demnächst der EU beitreten. Dabei ist der Eurozentrismus schon lange tot; er starb, je nach Standpunkt des Betrachters, in Pearl Harbor oder in Dien Bien Phu. Neuerdings haben die Kritiker des Eurozentrismus das Präfix *post* auf ihr Banner gestickt; *Postkolonialismus* heißt das Stichwort, das – nach *Posthistoire* und *Deconstruction* – derzeit von amerikanischen auf deutsche Universitäten übergreift: Nicht im Kernbereich von Politik und Ökonomie, sondern an den weichen Rändern der sogenannten Kulturwissenschaften, die an die Stelle traditioneller Fächer wie Anglistik und Romanistik getreten sind. Fünfzig Jahre nach Beginn der Entkolonisierung kehrt die Kolonialherrschaft auf die Tagesordnung zurück – nicht als Tragödie, sondern als Farce: Eine akademische Mode, die außer den politisch korrekten Ansichten ihrer Urheber nichts beweist und keinerlei konkreten Bezug hat zu den Realitäten der Dritten Welt, auf die man sich ständig beruft. Wenn das Unwort Moralkeule einen Sinn hat, dann hier: Der Hinweis auf das Elend in Afrika oder Lateinamerika dient Globalisierungsgegnern jeder Couleur – von Kirchen und Gewerkschaften bis zur PDS – als abrufbares Zitat, um abweichende Meinungen mundtot zu machen. Dahinter steht eine unkritische Verklärung des oder der *Ande-*

ren, die sich zu ihrer theoretischen Rechtfertigung weniger auf Marx als auf Rousseaus Edle Wilde beruft – ein Produkt eben jener Aufklärung, die aus postkolonialer Sicht in den Mülleimer der Geschichte gehört.

»Der Anti-Eurozentrismus ist ein Ticket, mit dem man weit kommt«, sagte mir kürzlich eine aus Indien stammende Literaturprofessorin, die ihre Vorträge mit dem Hinweis zu eröffnen pflegt, sie sei doppelt marginalisiert: Als Frau und als Inderin, die von einer Amme aus der Unterschicht aufgezogen wurde und deren Kultur mit der Muttermilch aufgesogen habe. Daß sie aus einer Brahmanenfamilie stammt, an amerikanischen *Ivy League*-Universitäten lehrt und für ihre Auftritte vierstellige Honorare verlangt, kam in ihrer geschönten Selbstdarstellung nicht vor. Stattdessen riet sie mir, mich als weißer Neger zu verkaufen, weil meine Großmutter Haitianerin war. Wie weit man mit diesem Ticket reisen kann, zeigte der Erfolg des künstlerischen Leiters der vorletzten *Documenta*, Okwui Enwezor, der Europas Schuldgefühle gegenüber der Dritten Welt professionell zu vermarkten verstand. Obwohl Besuchern auffiel, daß ein Abgrund klaffte zwischen der Qualität der in Kassel gezeigten Kunst und deren ideologischem Anspruch, die Welt aus den Angeln zu heben, traute sich niemand, sein Unbehagen zu artikulieren, weil Okwui Enwezor als aus Nigeria stammender Afrikaner unangreifbar schien und seinen Kritikern den Wind aus den Segeln nahm. Es wäre zynisch, wollte man ihm Ken Saro Wiwa als Beispiel entgegenhalten, der sein mutiges Eintreten für Menschenrechte und Ökologie mit dem Tod bezahlte: Nicht daß Okwui Enwezor in London und New York auf der sicheren Seite lebt, ist der Punkt, sondern daß und wie er sich als Vorkämpfer der Dritten Welt geriert. »Die Durchsetzung von Bürgerrechten, die Anerkennung von Differenzen, die Propagierung von Toleranz und Respekt im sogenannten Multikulturalismus – das sind alles westliche

Konzepte«, schreibt Bazon Brock: »Warum tut Enwezor so, als würde er mit einem Begriffsapparat antreten, der sich aus der Universale der Weltmenschheit ableitet?«

Damit nicht alles falsch wird, muß ich spätestens hier eine Einschränkung machen. Es ist richtig und notwendig, die eurozentrische Borniertheit zu überwinden und die Dritte Welt in den Blick zu nehmen, nicht als bloße Spiegelung der reichen Länder des Nordens, sondern als deren Infragestellung – je grundsätzlicher, desto besser. Dabei geht es weniger um die quantitative Erweiterung des Gesichtsfelds im Sinne einer pittoresken Multikulturalität als vielmehr um die qualitative Frage, wer wen von welchem Standpunkt aus betrachtet. Doch die Kritik des imperialen Blicks, der sich zu Unrecht als Zentralperspektive ausgibt, ist nur dann überzeugend, wenn sie mit logisch stringenten Argumenten operiert und nicht mit ideologischen Klischees, die selbst europäischer Herkunft sind. So ist – um bei der *Documenta* zu bleiben – ein Happening noch keine Negation der etablierten Moderne, bloß weil es in Kuba oder in Brasilien stattfindet, zwei Ländern, die ebenso vom Einfluß Europas und der USA geprägt sind wie die Kunstform des Happenings, das als abgesunkenes Kulturgut längst zum Mainstream der westlichen Gesellschaft gehört. Ein theoretischer Diskurs, der diesen Widerspruch nicht reflektiert, ist nicht auf der Höhe seines Gegenstands, denn Europa hat ja nicht nur Kapitalismus, Kolonialismus und Imperialismus hervorgebracht, sondern auch deren konsequente Kritik: Von der Proklamation der Menschenrechte bis zur Abschaffung der Sklaverei, und von der französischen bis zur russischen und chinesischen Revolution, die selbst in ihren radikalsten Ausprägungen noch von europäischen Vorbildern geprägt war. Die sozialromantische Glorifizierung der Dritten Welt als Subjekt und Objekt der Revolution geht ebenso auf Ideen der Aufklärung zurück wie die Herabstufung der Anderen zu Untermenschen und blutrünstigen Bestien, die bei der antisemitischen Propaganda der Nazis Pate stand. Bei Licht betrachtet, sind die Klischees von rechts und links gar nicht so weit voneinander entfernt, denn Europa war und ist der einzige Kontinent, der sich permanent selbst kritisiert und seine zivilisatorischen Errungenschaften von innen heraus in Frage stellt, was man von anderen, ethnozentrisch geprägten Kulturen *so* nicht behaupten kann: Man denke nur an China, Japan oder die arabische Welt.

Der Erkenntnisgewinn der postkolonialen Theorie liegt weniger in dem, was sie über die Dritte Welt zu sagen hat, als im Studium der Rückwirkungen von Kolonialismus und Imperialismus auf deren Ursprungsländer, also um die Frage, wie die Wahrnehmung der Anderen die Selbstbilder Europas und der USA beeinflußt hat. Auch das ist nicht neu, denn der Mechanismus der Projektion, die mehr über den Absender aussagt als über den Adressaten, ist aus der Freudschen Psychoanalyse seit langem bekannt. Umgekehrt ist die Heiligsprechung der Dritten Welt, gekoppelt mit der Illusion, diese habe vor der Kolonisierung im Stande der Unschuld gelebt, nicht weniger reaktionär als ihr Gegenteil, der Dünkel des Westens, fremden Kulturen nicht bloß technisch, sondern auch moralisch überlegen zu sein.

Eine Probe aufs Exempel liefert das kürzlich im Campus Verlag erschienene Buch *Jenseits des Eurozentrismus – Postkoloniale Perspektiven in den Geschichts- und Kulturwissenschaften*, das wichtige Vertreter dieser Denkrichtung vor allem aus angelsächsischen Ländern zu Wort kommen läßt. Schon die Namen der Herausgeber Sebastian Conrad und Shalini Randeria sind Programm; die Kritiker des Postkolonialismus treten gerne im Doppelpack auf, wobei erst die exotische Provenienz dem Ganzen das richtige Flair verleiht. Abgesehen von Platitüden wie: »Orientreisende sahen sich als Menschen, die in den Osten selbst in seiner tatsächlichen Realität fuhren«, oder »daß die englische Kolonialgeschichte nicht lediglich in Übersee, sondern gleichermaßen auf den britischen Inseln stattfand«, sind die meisten Beiträge des Bandes sehr lesenswert und vermitteln einen guten Überblick über den Stand der postkolonialen Theorie. So ist der von John L. und Jean Comaroff durchgeführte Vergleich zwischen den Armenvierteln Londons im 19. Jahrhundert und den Wohnverhältnissen in Betschuanaland zwar zutreffend, weil in beiden Fällen Licht und Hygiene, verkörpert von Bibel und Einfamilienhaus, als Allheilmittel empfohlen wurden, aber keineswegs neu: Schon die Abolitionisten des 18. Jahrhunderts zogen Parallelen zwischen dem sozialen Elend in den Metropolen und der Sklaverei in den Kolonien. Und es ist nicht nachzuvollziehen, warum die Missionsarbeit in Afrika postkolonialen Kritikern peinlich und lächerlich erscheint, bloß weil der Unterschied zwischen *différence* und *différance* (Derrida) Missionaren des 19. Jahrhunderts nicht geläufig war.

Hier zeigt sich einmal mehr eine fatale Tendenz zur Verabsolutierung der Dritten Welt, die ansonsten brauchbare Einsichten konterkariert, etwa wenn Dipesh Chakrabarty eine britische Impfkampagne in Indien als koloniale Vergewaltigung interpretiert – was wiederum nicht heißen soll, daß das zum Fetisch erklärte westliche Entwicklungsmodell über jede Kritik erhaben sei. Der Gipfel der Absurdität aber ist Steven Feiermans idyllische Sicht des vorkolonialen Afrika, die lokale Formen der Knechtschaft und Sklaverei zur Folklore bagatellisiert und gleichzeitig die Völkermorde in Ruanda und Biafra mit Schweigen übergeht, obwohl der Text die Kulturen der westfrafrikanischen Igbo und der ostafrikanischen Tutsi thematisiert – so als blende eine Darstellung des Zweiten Weltkriegs die Judenvernichtung aus. Gegen diese Gefahr ist Sheldon Pollocks Analyse der Indologie im nationalsozialistischen Staat gefeit, doch insgesamt ist die Faktenbasis zu schmal, um den überzogenen Anspruch zu rechtfertigen, der postkoloniale Diskurs sei mehr als eine selbstreferenzielle Theorie und akademisches *l'art pour l'art.*

Literaturhinweise

Okwui Enwezor, Carlos Basualdo u. a. (Hg.): *Democracy Unrealized,* Documenta 11-Platform 1; *Experiments with Truth,* Documenta 11-Platform 2, Jeweils ca. 400 Seiten, Hatje Cantz Publishers, Kassel 2002

Sebastian Conrad, Shalini Randeria (Hg.): *Jenseits des Eurozentrismus – Postkoloniale Perspektiven in den Geschichts- und Kulturwissenschaften,* 398 Seiten, Campus Verlag, Frankfurt/Main 2002

HERZ DER FINSTERNIS

»Nur in der Nacht des Vorurteils
sind die Neger schwarz …«

Land ohne Schatten

Nachrichten aus Darfur

N'djamena, Mai 2004

Dies ist die heißeste Jahreszeit in Tschad, 29 Grad Celsius um vier Uhr früh bei der Landung am Flughafen, und tagsüber klettert das Thermometer auf über 50 Grad. »Das Wetter wird oben entschieden, genau wie die Politik«, sagt Omar, der Nachtwächter des »Novotel«, »und uns bleibt nichts übrig, als die Knie zu beugen – il faut se plier!« – »Die Flüchtlinge aus Darfur sind eine Plage für unser Land«, fügt er ungefragt hinzu, während er mit dem Käscher herabgefallene Blätter aus dem Schwimmbecken fischt. »Der Osten des Tschad ist staubtrocken und bitterarm, und die Menschen dort haben selbst nicht genug zu essen. Die Vertriebenen sind unsere Vettern, aber sie kommen bewaffnet über die Grenze mit Frauen, Kindern und Tierherden, die alles kahlfressen, und vermutlich gehen sie nie wieder weg. Inschallah!«

Hinter dem Hotel fließt der Chari-Fluß vorbei, der in der Trockenzeit nur noch wenig Wasser führt. Schwimmende Inseln, unter denen sich Flußpferde verbergen, die nachts an Land waten, um in Ufernähe gelegene Felder abzugrasen. Früh am Morgen herrscht reger Fährbetrieb: Pirogen aus ausgehöhlten Baumstämmen transportieren Passagiere über den Fluß und kehren, mit Fahrrädern und Gießkannen beladen, wieder zurück. Auf der anderen Seite des Chari liegt Kamerun, und Schmuggler nutzen das Preisgefälle aus – ein kleiner Grenzverkehr, der von den Behörden geduldet wird.

Das in der Sahelzone gelegene Tschad gehört zu den ärmsten Ländern Afrikas, und die Hauptstadt N'djamena, früher

Fort Lamy, sieht aus wie ein Wüstencamp. Glühendheißer Wind treibt Staub durch die Straßen, und Lastwagen, Land Rover und Jeeps fahren zwischen Ministerien, Botschaften und Büros von Hilfsorganisationen hin und her. Die Mauern sind mit bunten Bildern bemalt zur Warnung vor Landminen, Cholera und Aids; auf Schautafeln ruft die Regierung zu regelmäßigem Händewaschen und zur Benutzung von Kondomen auf. Schwer zu glauben, daß diese von Wellblechhütten umbrandete Stadt einst ein Zentrum afrikanischer Großreiche war. Im historischen Museum wird der Unterkiefer des *homo tschadensis* gezeigt, Lucys älterer Bruder, der vor 3,5 Millionen Jahren gelebt haben soll.

»Ich habe eine gute und eine schlechte Nachricht«, sagt der hochrangige Vertreter einer westlichen Supermacht, dessen Namen ich nicht nennen darf – das gehört zu den Spielregeln, auf die wir uns vor dem Gespräch geeinigt haben. Im Vorzimmer seines Büros laufen rund um die Uhr Nachrichten von CNN, so als sei die Botschaft mit dem Sender verkabelt, und an der Wand hängt ein Evakuierungsplan mit der Aufforderung, im Fall eines Angriffs Geheimdokumente zu vernichten und alle Türen offen zu lassen, damit kein Botschaftsangehöriger im Innern des Gebäudes eingeschlossen wird. Daneben ein Poster mit Gebrauchsanweisungen zum Nachladen einer »Beretta«, wie sie Geheimagent 007, alias James Bond, zum Töten benutzt. Trotz der Sicherheitsmaßnahmen wirkt die Atmosphäre zivil und entspannt.

»Die gute Nachricht ist, daß Darfur kein zweites Ruanda ist. Ich weiß, wovon ich rede, denn ich war lange in Kigali stationiert.« Er zeigt auf eine großflächige Landkarte, die neben Farbfotos des Außenministers und des amtierenden Präsidenten über seinem Schreibtisch hängt. »Die schlechte Nachricht ist, daß es sich um den schlimmsten Konflikt im heutigen Afrika handelt. Ethnische Vertreibung – kein Völkermord, aber nahe daran!«

Der Diplomat zwingt sein zuckendes Knie zur Ruhe und erläutert anhand der Landkarte, daß der in der Sahelzone liegende Osten des Tschad ein ökologisches Krisengebiet und zugleich Schauplatz einer humanitären Katastrophe ist. Das fragile Gleichgewicht sei schon jetzt zerstört durch zu viele Menschen, zu wenig Wasser und zu viel Vieh – und mit ihm der innere Frieden des Vielvölkerstaats Tschad. »Arabischstämmige Milizen morden, plündern, stehlen und vergewaltigen in Komplizenschaft mit der sudanesischen Armee, die ihnen Waffenhilfe leistet, während die Regierung in Khartum die Augen verschließt und angeblich von nichts weiß. In der Provinz Darfur leben zwei Millionen Menschen, von denen 800 000 aus ihren Dörfern vertrieben worden sind und seit Monaten schutzlos umherirren. 110 000 Flüchtlinge haben die tschadische Grenze überschritten, und mindestens 10 000 Männer und Frauen, Kinder und Greise wurden von Janjaweeds – so heißen die Nachfahren der arabischen Sklavenjäger – massakriert oder verschleppt. Die Zahlen sprechen für sich!«

Zum Abschied überreicht man mir einen Computerausdruck: Die Rede des amerikanischen Delegationsleiters Richard S. Williamson bei der Genfer Sitzung der UN-Menschenrechtskommission, die sich nur zu einer verhaltenen Verurteilung Sudans durchringen konnte. Ohne Namen zu nennen, geißelt Williamson die Halbherzigkeit der Europäer und vergleicht die ethnische Vertreibung in Darfur mit den *Killing Fields* in Kambodscha und dem Völkermord in Ruanda.

Der sudanesische Botschafter ist nicht einverstanden mit dieser Sicht. Hassan Bechir Abdulwahab – sein Name unterliegt nicht der Geheimhaltung – trägt ein weißes Gewand mit Turban und empfängt mich mit orientalischer Höflichkeit. Er war vor Öffnung des Eisernen Vorhangs in Prag stationiert und fuhr von dort nach Weiden in die Oberpfalz zum Einkaufen. Bechir liebt Deutschland und ging als zahlungskräftiger Kunde bei Mercedes in Sindelfingen aus und ein. »Europa versteht uns besser als Amerika«, sagt der Diplomat und schiebt mir eine Silberschale mit Datteln zu. »Ihr trinkt Tee mit uns und hört zu, was wir zu sagen haben. Die Amerikaner sind daran nicht interessiert. Sie wollen uns ihren Willen aufzwingen durch Diktat an Stelle von Dialog.«

Er winkt einem folkloristisch gekleideten Diener, der mir bittersüßen Tee einschenkt – eine Wohltat bei der trockenen Hitze hier. Der Botschafter lehnt sich zurück und erklärt, die Regierung in Khartum wolle freundschaftliche Beziehungen zu den USA. Sie sei Washington in jeder Hinsicht entgegengekommen: Durch die Auslieferung des Terroristen Carlos und durch frühzeitige Hinweise auf Osama Bin Laden, dessen Firma im Sudan Straßen gebaut habe. Anstatt die Hinweise ernstzunehmen, habe das Pentagon als Vergeltung für den Bombenanschlag von Nairobi eine Medikamentenfabrik in Khartum zerstört und die zugesagte Wiedergutmachung nie bezahlt. Dabei habe die sudanesische Regierung mit Terroristen nichts im Sinn – im Gegenteil: Den fundamentalistischen Heißsporn Turabi habe sie politisch kaltgestellt. Er kenne ihn persönlich: Hassan Turabi sei ein anerkannter Experte für islamisches Recht, aber statt sich auf Gelehrsamkeit zu beschränken, predige er Haß und habe sich durch seinen Fanatismus selbst ins Gefängnis gebracht. Der Mann sei verrückt!

»Und was sagen Sie zu den Menschenrechtsverletzungen im Westsudan?«

Bechir beugt sich vor und zündet sich eine Zigarette an. »In Darfur lebten zahlreiche Ethnien friedlich nebeneinander: Zaghawa, Fur, Massalit und andere. Letztes Jahr zettelten die Zaghawas einen Aufstand gegen die Zentralregierung an, unterstützt durch Waffen und Soldaten aus dem Tschad. Dessen Staatschef Déby ist unser Freund, denn er kam mit sudanesischer Hilfe an die Macht.« Doch die tschadische Armee werde von Zaghawas dominiert, die in Darfur einen separaten Staat errichten wollten. Sie glaubten, der Moment zum Losschlagen sei gekommen, als die Regierung in Khartum, als Zeichen ihres guten Willens, Waffenstillstand schloß mit den Rebellen im Südsudan. Um den Friedensprozeß zu stören, hätten die Zaghawas Polizei- und Militärposten angegriffen. »Wir sind verpflichtet, unsere nationale Souveränität zu verteidigen, und die sudanesische Armee hat den Aufstand niedergeschlagen. Falls es dabei zu Menschenrechtsverletzungen kam, bedauern wir dies und haben unsere Bereitschaft erklärt, UN-Beobachter und Hilfsorganisationen nach Darfur einreisen zu lassen. Trotzdem wird Sudan als Schurkenstaat verteufelt und in den Medien an den Pranger gestellt!«

Szenenwechsel. Carnivore heißt Fleischfresser, und das Restaurant trägt seinen Namen zu Recht. Hier gibt es die besten Steaks von N'djamena, und nach Einbruch der Dunkelheit findet eine andere Art Fleischbeschau statt. Junge Frauen aus Kamerun, die im Tschad Abitur machen – das Kameruner Abitur wird in Frankreich nicht anerkannt – geben sich ein Stelldichein mit Geschäftsleuten, Diplomaten und Entwicklungshelfern. Einer von ihnen ist Georges, der seit drei Jahren in einer Oase im Norden des Tschad arbeitet, wo es weder Alkohol noch Frauen gibt: Ehemänner, Brüder und Väter halten sie eifersüchtig unter Verschluß. Alle zwei Wochen fährt er in die Hauptstadt, um Pernod zu trinken und sich sexuell auszutoben. Ich will wissen, wie er sich gegen AIDS schützt. »Es gibt zwei Denkschulen. Mein russischer Kollege behauptet, Wodka sei das sicherste Mittel gegen AIDS. Aber das ist russisches Roulette. Am besten legt man sich eine feste Freundin zu!« Zur Zeit hat Georges Liebeskummer: Seine Ex-Geliebte hat Abitur gemacht und ist nach Jaunde zurückgekehrt, und er kann sich nicht entscheiden zwischen Frau und Kind in Lyon und einer anderen Kamerunerin. Während Georges das Für und Wider erörtert, fegt eine Sturmbö durch das Gartenlokal, die Äste von den Bäumen und Speisekarten über die Tische wirbelt – ein Vorbote der Regenzeit, die den Osten des Tschad in eine Schlammwüste verwandeln wird.

Georges Nummer zwei, ein Namensvetter des Entwicklungshelfers, ist aus anderem Holz geschnitzt. Der Jesuitenpater arbeitet seit 36 Jahren im Tschad, trägt ausgelatschte Sandalen, und Malaria oder Hepatitis hat seine Haut gelb gefärbt. 1984–86 hat er eine katastrophale Dürre miterlebt, in der die Bauern Haus und Hof verließen und ihre Kinder im Busch aussetzten, weil sie weder Wasser noch Nahrung fanden. Zehn Jahre zuvor hatte ein Bürgerkrieg zwischen Nord und Süd das Land in feindliche Lager geteilt; wer die unsichtbare Front überschritt, wurde verdächtigt, ein Kollaborateur oder Verräter zu sein.

»Stammesfehden haben hierzulande Tradition, denn alle ethnischen Gruppen haben alte Rechnungen miteinander zu begleichen«, sagt Pater Georges, der mir im Büro des Erzbischofs, der Procure, unter einem Papst-Poster gegenübersitzt. »Nicht nur Polizei und Armee, auch die Nachbarstaaten Sudan und Libyen mischen in undurchsichtiger Weise mit. Es geht um die Verteilung immer knapper werdender Ressourcen, und für Nomaden ist Viehdiebstahl kein Verbrechen, sondern Ehrensache. Die Zaghawas sind ein altes Kriegervolk, und bevor sie in Darfur rebellierten, haben Zaghawa-Söldner in der Zentralafrikanischen Republik einen dem Tschad genehmen Putschoffizier namens Bozizé an die Macht gebracht. In letzter Zeit aber nehmen die Verteilungskämpfe immer bestialischere Formen an, und was derzeit an der sudanesischen Grenze passiert, sprengt den Rahmen der üblichen Banditentätigkeit und ist offener Krieg. Passen Sie auf sich auf!«

»Die Vertreibung aus ihren Häusern ist schlimmster Stress für Kinder, alte und behinderte Menschen, die am verwundbarsten sind«, lese ich in einer Broschüre des Flüchtlingshilfswerks der Vereinten Nationen. Wir fliegen in 23 000 Fuß Höhe, unter uns die von ausgetrockneten Flüssen durchzogene Savanne, eingehüllt in gelbbraunen Dunst. Es war nicht leicht, einen Platz in einem der Hilfsflüge zu ergattern; prominente Politiker, VIPs genannt, haben Vorrang, oder die Maschinen bleiben wegen technischer Pannen am Boden. Stundenlanges Warten auf der Piste hat das Flugzeug aufgeheizt; im Innern ist es heiß wie in einem Hochofen, und die Passagiere – zwei italienische Entwicklungshelfer und eine deutsche Mitarbeiterin von Caritas International – fächeln sich mit Faltblättern Luft zu. Noch heißer ist es bei der Landung in Abéché; um dem Gluthauch zu entkommen, suchen wir unter dem Heck der »Beechcraft 200« Schutz, während eine »Transall« der französischen Luftwaffe mit apokalyptischem Donnern auf der Piste niedergeht. Seit dem Einfall libyscher Truppen in den siebziger Jahren ist französisches Militär hier stationiert. Am Rand des Flugfelds wächst ein zerzauster Kameldornbaum, in dessen löchrigem Schatten sich das Empfangskomitee zusammendrängt: Vertreter örtlicher Hilfsorganisationen, aber der für mich zuständige Pressesprecher des Welternährungsprogramms ist nicht dabei. Nach kurzer Beratschlagung schließe ich mich der Caritas-Mitarbeiterin an. Sie heißt Christine Decker, kommt aus Freiburg und hat dasselbe Ziel wie ich: Die Flüchtlingslager entlang der Grenze zu besuchen, um sich ein Bild zu machen von der Lage der Vertriebenen, das nicht auf bloßem Hörensagen, sondern auf persönlichem Augenschein beruht.

Doch das ist leichter gesagt als getan, denn vorher sind bürokratische Hürden zu überwinden und administrative Genehmigungen einzuholen, ohne die der Aufenthalt im Grenzgebiet illegal und doppelt gefährlich ist: Reporter, die unangemeldet einreisen, werden als Spione verhaftet und verhört, abgeschoben oder ausgewiesen. Philippe, Büroleiter eines katholischen Hilfswerks namens SECADEV, das mit der Caritas kooperiert, weckt den Ortskommandanten aus seiner Siesta. Der schickt uns weiter zum Polizeichef und von dort zum Gouverneur, der uns bei Einbruch der Dämmerung in seinem Palast empfängt. Ein leerer Repräsentationsraum mit vom Wind bewegten Vorhängen, verstaubten Teppichen und einem überlebensgroßen Porträt des Staatspräsidenten, unter dem der Gouverneur sich auf einer Art Thron niederläßt, während ich wie ein angezählter Boxer erschöpft in einen Ledersessel sinke. Der Polizeichef holt eine Taschenlampe, und im tanzenden Lichtkegel zeigt der Gouverneur uns die Lage der Provinz Ouaddai auf der Landkarte, die sich immer wieder unter seinen Händen zusammenrollt. Die Grenze mit Sudan sei über tausend Kilometer lang und deshalb schwer zu kontrollieren, erläutert er, während ein Bedienter lauwarme Limonade ausschenkt. Die sudanesische Regierung halte sich nicht an den kürzlich vereinbarten Waffenstillstand; bei der Verfolgung von Flüchtenden seien die Reitermilizen wiederholt auf tschadisches Gebiet vorgedrungen, um Vieh zu rauben und grenznahe Dörfer zu plündern; letzte Nacht hätten Janjaweeds bei Koulbous die Grenze überschritten, wie Radio France meldete. Ich will wissen, wer die Milizen sind und in wessen Auftrag sie handeln. »Sie nennen sich Araber«, sagt der Gouverneur, »aber sie sind keine. *Jan* heißt Waffe und *Ja* heißt Pferd. Es sind bewaffnete Reiter, hellhäutige Sudanesen, Zivilisten und Armeeangehörige, die in offiziellem Auftrag morden, stehlen und vergewaltigen, um die autochthone Bevölkerung aus Darfur zu vertreiben. Die sudanesische Regierung lügt, wenn sie behauptet, sie wisse von nichts, und gleichzeitig verspricht, die Übergriffe zu unterbinden. Das sind leere Worte, um Zeit zu gewinnen und vollendete Tatsachen zu schaffen vor Beginn der Regenzeit, die das Gebiet unpassierbar machen wird. – Wir haben nichts gegen unsere sudanesischen Brüder«, fügt der Gouverneur nach einer Pause hinzu und zündet sich eine Filterzigarette an. »Ich war kürzlich in Khartum als Mitglied einer Verhandlungsdelegation, und ich frage Sie: Wenn in Darfur wirklich Frieden herrscht, wie die sudanesische Regierung beteuert – warum kommen dann täglich mehr Flüchtlinge über die Grenze?«

»Und was verspricht sich Khartum vom Einsatz der Milizen?« – »Die Janjaweeds alimentieren sich selbst – durch Raub und Mord. Sie kosten nichts, sind niemandem zur Rechenschaft verpflichtet und nirgendwo offiziell registriert. Wenn einer von ihnen verwundet wird oder stirbt, kräht kein Hahn nach ihm.«

Der Gouverneur kommt aus der Hauptstadt und ist seit vier Jahren in Abéché stationiert. Um Loyalitätskonflikte zu vermeiden, werden alle leitenden Funktionen mit Auswärtigen besetzt – teile und herrsche auch im Tschad. Als ich ihm meine Visitenkarte überreiche, entsteht große Verlegenheit. Der Polizeichef schwärmt mit der Taschenlampe aus, und es dauert lange, bis er den Managerkoffer des Gouverneurs gefunden hat, aus dem dieser, zwischen Banknoten und Dokumenten, eine arabisch bedruckte Karte hervorzieht, auf die er mit goldenem Füllfederhalter seinen Namen schreibt: *Haroun Saleh, Gouverneur du Ouaddai.*

Am nächsten Tag brechen wir in aller Frühe auf. Der gemietete Land Rover ist vollgepackt mit Trinkwasser und Lebensmitteln, hauptsächlich Keksen; dazwischen eine mit Diesel gefüllte Tonne, die bei jeder Unebenheit des Bodens gegen die Wagendecke schlägt. Im Grenzgebiet gibt es weder Tankstellen noch Geschäfte, kein Wasser und keinen Strom – ganz zu schweigen von Hotels oder Restaurants. Issah, der Chauffeur, sieht aus wie ein Tuareg; außer französisch und arabisch spricht er mehrere afrikanische Sprachen, und es ist mir schleierhaft, wie er sich ohne Straßenschilder und Wegmarkierungen orientiert: Einziger Anhaltspunkt sind nebeneinander herlaufende oder sich überkreuzende Reifenspuren, die irgendwann in andere Richtungen abbiegen. Wir fahren durch die mit Felstrümmern übersäte Savanne und rasen im Eiltempo durch Flußbetten, die an Stelle von Wasser nur Sand und Steine führen. Links und rechts der Piste Dornbüsche und Krüppelakazien, an denen von Kindern gehütete Esel und Ziegen knabbern. Die Wüste sieht biblisch aus: Ein schattenspendender Baum ist ein Labsal hier, wo nur selten ein Auto vorüberfährt und jede Panne lebensgefährlich ist. Der Boden ist aufgeheizt wie eine Elektrokochplatte, und unter dem Sand liegt eine wasserundurchlässige Tonschicht, die das Land bei Regen in einen See verwandelt oder in zähen Morast, in dem die mit Hilfsgütern beladenen Lastwagen steckenbleiben. Ouaddai-Dörfer, kreisrunde Lehmhütten mit Strohdächern, die wie verrutschte Zipfelmützen aussehen, Pferde und Kamele, die bei der Annäherung unseres Autos in Panik davonstieben.

Nach dreistündiger Fahrt kommt das Lager Kounoungo in Sicht: Ich zähle 500 in Reih und Glied aufgebaute Zelte mit dem Aufdruck des Flüchtlingshilfswerks UNHCR, die zehnmal soviel Menschen Obdach bieten, hauptsächlich Frauen, Kindern und Greisen: Viele Männer im wehrfähigen Alter haben sich den Zaghawa-Rebellen angeschlossen oder wurden von Janjaweed-Milizen umgebracht. Ihre Familien, die in der Zeltstadt untergekommen sind, haben das Schlimmste überstanden. Sie werden medizinisch betreut und mit Lebensmitteln und Wasser versorgt, wenn auch nur unzureichend, und sie haben ein Dach über dem Kopf. Aber außerhalb des Lagers warten noch einmal soviele Flüchtlinge, die seit Tagen, Wochen, Monaten in der Savanne umherirren, ohne Wasser und Lebensmittel unter sengender Sonne in einer der menschenfeindlichsten Regionen der Welt. Rinder und Pferde sind auf der Flucht verendet oder wurden von Janjaweeds gestohlen, nur Esel und Ziegen haben den langen Marsch überlebt. Die Flüchtlinge verkaufen ihr letztes Vieh – für Nomaden Lebensversicherung und Sparkonto zugleich – und mit dem mageren Erlös bezahlen sie die Mitfahrgelegenheit auf der Pritsche eines LKW, der sie am Lagertor absetzt, wo sie vergeblich auf Einlaß warten. Vor der Aufnahme ins gelobte Land steht eine bürokratische Prozedur, die sich lange hinziehen kann: Die Neuankömmlinge werden von Flüchtlingskomitees der tschadischen Regierung registriert, um sicherzustellen, daß sie keine Einheimischen sind, die von der Gratisausgabe von Lebensmitteln profitieren wollen; Familienzugehörigkeit, Herkunft und Namen werden sorgfältig überprüft, und erst wenn diese Hürden genommen sind, bekommen sie vom UNHCR Plastikfolien, Wasser und Nahrung zugeteilt. Bis dahin vergeht viel Zeit, und die Flüchtlinge leiden Hunger und Durst, während vor ihren Augen mit Lebensmitteln beladene LKW ins Lager ein- und ausfahren. Von den Hilfsgütern fällt wenig für sie ab: Nur Säuglinge und schwangere Frauen, Alte und Kranke werden mit Milchpulver und proteinhaltigen Keksen versorgt, die selbst ein Gesunder nur mit Mühe kauen kann.

Der Flüchtling, das unbekannte Wesen: Auf einer Karikatur der Zeitung *Le Progrès* ist ein Verdurstender in der Wüste zu sehen, der von Reporterteams mit Kameras und Mikrophonen umlagert und gefragt wird, wie er sich fühlt. Hier ist es umgekehrt: Als ich aus dem Auto steige, kommen von allen Seiten Flüchtlinge auf mich zu. Zuerst Kinder, dann Frauen in leuchtend bunten Gewändern, zuletzt die Männer, von denen einer, ein grauhaariger Alter im langen Kaftan, fließend englisch spricht. Er ist Lehrer von Beruf und trägt einen Kugelschreiber in der Brusttasche. Der Junge, der ihn an der Hand führt, schreibt mir seinen Namen auf den Oberarm: Er heißt Yakub Abdallah und stammt aus einem Dorf im Innern von Darfur. Berittene Janjaweed-Milizen zündeten die Hütten an und töteten seine blinde Mutter, weil sie nicht schnell genug weglaufen konnte, und ein »Antonow«-Flugzeug der sudanesischen Luftwaffe warf mit Schrappnells gefüllte Bomben ab und nahm die Fliehenden unter Beschuß. Yakub Abdallah gehört zum Volk der Saghawas und hat Englisch und Arabisch unterrichtet; sein Freund Adam Mussah ist 45 Jahre alt, Schuldirektor vom Stamm der Fur. Er bestätigt die Angaben des Alten: Der Krieg in Darfur habe 1984 begonnen mit Viehdiebstählen und Überfällen, bei denen 800 Dörfer zerstört und viele Angehörige des Fur- und Zaghawa-Volks massakriert worden seien. 1989 habe Präsident Baschir Frieden mit ihnen geschlossen und die Bewohner von Darfur aufgerufen, ihre Waffen abzugeben. Als Wiedergutmachung für das erlittene Unrecht habe er ihnen eine Eisenbahnladung mit Zucker geschickt, aber die Aufständischen hätten, durch Schaden klug geworden, den Zucker gegen Waffen eingetauscht – Zucker ist in Afrika ein Grundnahrungsmittel. »Bitte lassen Sie uns nicht allein«, mit diesen Worten beschließt Adam Mussah seinen Bericht. »Unsere Brunnen und Felder werden mit Chemikalien vergiftet, und ganz Darfur ist ein einziges Massengrab. *This is genocide*!«

Ich weiß nicht, was ich glauben soll. Es sind immer nur Männer, die sprechen, und die meisten sind Lehrer von Beruf – der Kugelschreiber am Revers ist ein Statussymbol wie bei den Funktionären der SPLA im Südsudan. Ihre Berichte stimmen wörtlich miteinander überein. Was die Beurteilung zusätzlich erschwert, ist, daß man keine wandelnden Skelette vor sich sieht wie bei den Hungersnöten in Äthiopien oder Somalia. Das Elend der Flüchtlinge aus Darfur ist nicht monoton, sondern pittoresk: Die Frauen sind buntgekleidet, und die Männer strahlen eine Würde aus, die durch Hunger und Armut noch nicht gebrochen ist. Nur in den Nasenlöchern der Kinder herumkriechende Fliegen deuten darauf hin, daß sich eine Katastrophe anbahnt – und mit Plastikfetzen und Stoffresten behängte Dornbüsche, unter denen sich zehnköpfige Familien auf der Fläche eines Zweimannzelts zusammendrängen. Die meisten Flüchtlinge sind unterernährt, viele haben Husten und Durchfall: Es gibt keine Latrinen, und nachts wird es kühl, bis zu 5 Grad nach Einsetzen der Regenzeit, die Bronchitis und Tuberkulose nach sich ziehen wird.

Guéréda, im Grenzgebiet zum Sudan. Früh um sieben machen wir dem Sultan der Zaghawas unsere Aufwartung. Er residiert in einem Lehmpalast, in Sichtweite eines Lebensmitteldepots von WFP, ein riesiges Zelt, bis unters Dach mit aufeinandergestapelten Säcken gefüllt. Der Sultanspalast ähnelt einem Bauerngut, im Innenhof scheppert eine Maschine, die Hirse drischt, und nur der mit Teppichen ausgelegte Empfangsraum, vor dessen Betreten ich die Schuhe ausziehen muß, weist auf den hohen Rang seines Bewohners hin. Mahamat Bakhil Hagar ist das traditionelle Oberhaupt des Zaghawa-Volks, aber er hat keine politische Macht, lediglich eine symbolische und religiöse Funktion. Der Sultan sitzt unter gekreuzten Lanzen und Schwertern auf einem erhöhten Thron; an der Wand hängt ein Lederharnisch, über und über beschrieben mit Suren aus dem Koran, die den Träger vor Dolchen und Gewehrkugeln schützen sollen, und als ich seinen Namen notiere, runzelt er mißbilligend die Stirn. Der Dialog ist mehr als einseitig – selbst die Führer der Roten Khmer sind gesprächiger als der Fürst des Zaghawa-Volks, der auf keine ihm gestellte Frage antwortet und erst nach mehrfachem Insistieren die einsilbige Auskunft gibt, wenn wir etwas über Darfur wissen wollten, müßten wir selbst dorthin fahren. Erst später erfahre ich den Grund seiner Zurückhaltung: Der Sultan habe Angst, etwas Falsches zu sagen, meint Emmanuel, der örtliche Mitarbeiter der SECADEV: »Es ist unhöflich, ihm direkte Fragen zu stellen, denn er hat keine Erfahrung im Umgang mit Reportern, die in seinen Augen Spione sind.« Als traditioneller Herrscher sitze er zwischen allen Stühlen und werde von der Regierung des Tschad ebenso mißtrauisch beäugt wie von lokalen Behörden und rivalisierenden Clans – nicht zu vergessen die Machthaber im Sudan. »Der Sultan verläßt niemals seinen Palast«, mit diesem Satz bringt Emmanuel die Sache auf den Punkt: »Er weiß alles, aber er sagt nichts.«

Touloum, Tiné, Bahai: Der Besuch der Flüchtlingslager entlang der sudanesischen Grenze gleicht einem quälend langsamen Abstieg durch verschiedene Kreise der Hölle, wobei es jedesmal, wenn ich glaube, der Tiefpunkt sei erreicht, noch schlimmer kommt. In Touloum sind 6 000 Flüchtlinge in Zelten untergebracht, noch einmal soviele hocken apathisch in der kochendheißen Savanne, die keine Handbreit Schatten wirft, und warten darauf, registriert und ins Lager aufgenommen zu werden. Einer von ihnen ist Mohamed Harun, 48, ein Zaghawa-Bauer, dem eine von einer »Antonow« abgeworfene Bombe den Fuß abriß. Er zeichnet mit der Krücke den Fluchtweg in den Sand, den er auf einem Esel reitend zurückgelegt hat. Sein Freund Abdallah Mahmud, 29, wurde von einer Kugel ins Bein getroffen und zeigt mir die schlecht verheilte Schußwunde. Beim Angriff der Milizen wurden sechs Mitglieder seiner zehnköpfigen Familie getötet, unter ihnen ein Säugling, und der einzige Unterschied war, daß die Janjaweeds nicht zu Pferde, sondern mit Pickup-Trucks in das grenznahe Dorf einfielen.

Aber auch die in Zelten untergebrachten Flüchtlinge sind aus dem Gröbsten nicht heraus. 400 Gramm Sorghum, 50 Gramm getrocknete Bohnen oder angereicherter Mais und 20 Gramm Speiseöl beträgt die Lebensmittelzuteilung pro Tag und Person, aber derzeit fehlt das Speiseöl zum Kochen, und statt der notwendigen fünfzehn Liter werden nur fünf Liter Wasser pro Familie zugeteilt, weil die Wasservorräte erschöpft und Pumpen ausgefallen sind. Trotzdem ist kein

Klagelaut zu hören, und junge Mütter mit Kindern auf dem Arm, die stundenlang in der prallen Sonne anstehen, nehmen dankbar die von Hilfsorganisationen verteilten Plastikplanen und Wasserbehälter in Empfang.

An diesem Tag ist James Morris nach Touloum eingeflogen, der Präsident des Welternährungsprogramms, der als Leiter einer hochrangigen UN-Delegation das für Journalisten gesperrte Kriegsgebiet in Darfur besucht hat und, unter einem Kameldornbaum stehend, die Presse informiert. Morris ist ein korpulenter Mann; er trägt ein Polohemd mit dem Logo eines Golfclubs und berichtet mit schleppendem Südstaatenakzent, was er in Darfur gesehen hat: Zerstörte Dörfer und Flüchtlinge, die selbst in Lagern nicht vor Nachstellungen der Janjaweeds sicher seien. »Politik der verbrannten Erde, ethnische Vertreibung bis hin zum Genozid«, murmelt Morris mit stockender Stimme und hält sich an dem mit Dornen gespickten Baumstamm fest, als habe er einen Schwächeanfall – kein Wunder bei der Hitze und dem Elend um ihn herum. Sein Beispiel wirkt ansteckend, denn auf dem Weg zur Latrine, die nur aus einem in die Erde gestanzten Loch besteht, durch Plastikfolie vor Einblick von außen geschützt, spüre ich, wie mir plötzlich weich wird in den Knien. Nicht nur die Vertriebenen sind physisch ausgelaugt.

Eine andere Art von Tragödie spielt sich ab im achtzig Kilometer entfernten Grenzort Tiné. In der Hoffnung auf Wasser und Lebensmittel kampieren Abertausende von Flüchtlingen außerhalb der Stadt, inmitten von Exkrementen und Müll. Der Gestank ist unerträglich, und die wie eine Wok-Pfanne gewölbte Hochebene ist, soweit das Auge reicht, mit Tierkadavern übersät, Esel zumeist, die in der Gluthitze verwesen, während zu Skeletten abgemagerte Rinder und Ziegen an Plastiktüten herumknabbern. Die toten Tiere werden eingesammelt und verbrannt; Schakale und Hyänen lebten nur im Süden des Tschad, sagt Issah, unser Chauffeur, und für Geier sei die Wüste zu heiß. Eine Mutter mit rotznäsigem Kind auf dem Arm – sein rot verfärbtes Haar deutet auf Mangelernährung hin – erzählt, die letzte Essenszuteilung habe Ende März stattgefunden, und zum Wasserholen müsse sie fünf Stunden durch die Savanne laufen, nachts, wenn Schlangen und Skorpione unterwegs sind – tagsüber sei der Fußmarsch zu anstrengend. Das Wasser ist verschmutzt, und um den Hunger der Familie zu stillen, muß sie Wurzeln und Wildfrüchte kochen, die Magenbeschwerden und Durchfall verursachen. Ein paar hundert Meter weiter liegt die neuerbaute Luxusvilla des Staatspräsidenten Idriss Déby, der von hier aus seinen Siegeszug antrat zur »Befreiung« des Tschad; schräg gegenüber eine aufwendig renovierte Moschee, deren Mullah sich nicht um seine Glaubensbrüder kümmert und die Versorgung der Flüchtlinge westlichen Hilfsdiensten überläßt. Dabei ist der Bürgerkrieg in Darfur, dessen Gefechtslärm nachts nach Tiné herüberdringt, kein Religionskonflikt wie im Südsudan, weil alle Beteiligten Moslems sind.

Sechzig Kilometer weiter nördlich, in Bahai, ist ein einziger Arzt für die Versorgung Tausender Flüchtlinge zuständig, von denen viele zu entkräftet sind, um den Weg zur Krankenstation zu schaffen. Camilo Valderrama, 47, kommt aus Kolumbien, hat vorher in Liberia gearbeitet und ist seit zwei Monaten hier: »30 Prozent der Vertriebenen sind unterernährt, 50 Prozent haben Durchfall, und wir beseitigen jeden Tag über hundert Tierkadaver«, sagt der Arzt am Ende der Welt, der nur über einen begrenzten Vorrat an Medikamenten verfügt und den Flüchtlingsfrauen die elementarsten Regeln der Gesundheitsvorsorge vermitteln will: Trennung von Gesunden und Kranken, Händewaschen und elementare Hygiene – ohne sauberes Wasser ein frommer Wunsch. »Warum hat sich die Sterberate im letzten Monat verzehnfacht? Was war die häufigste Todesursache?«, fragt Camilo die im Schatten eines Pavillons wartenden Frauen, während ein sudanesischer Lehrer seine Worte auf arabisch übersetzt. »Wasser ist Gold, und sauberes Wasser ist ein Diamant«, erläutert er und zündet sich eine Zigarette an. Camilo ist Kettenraucher, und nur durch ständige Zufuhr von Nikotin erträgt er das Elend hier. Weiter nördlich, in Cariari, sei es noch schlimmer, weil niemand sich um die Versorgung der Flüchtlinge kümmere. Auf der Fahrt dorthin hat er eine im achten Monat schwangere Noamdenfrau in der Savanne aufgelesen; ohne sein Eingreifen wäre sie jetzt schon tot. Djamila ruht unter einer dünnen Decke im Schatten der Krankenstation, und beim Anblick des Arztes versucht sie vergeblich, sich aufzurichten. »Ein schwerer Fall von Anämie«, sagt Camilo, während sie stöhnend auf ihr Lager zurücksinkt. »Djamila wird ihr Baby verlieren, und ich bin nicht sicher, ob sie überlebt!«

Letztes Bild, bei der Abfahrt aus Tiné: Ein sterbender Esel in der Wüste. Er wendet mühsam den Kopf zu dem Auto, das neben ihm hält; ein Beben durchläuft die zum Gerippe abgemagerte Brust, und er ist tot.

P.S.: »Vor den Menschen sterben die Tiere«, sagt Pater Joël, der uns in seinem Haus in Abéché empfängt – das erste Essen seit Tagen, das nicht nur aus Wasser und Biskuits besteht. Der Jesuitenpater betreut versprengte Christengemeinden an der 1 500 Kilometer langen Ostgrenze Tschads, hat Freunde unter den Mullahs und wird von seiner muslimischen Umgebung respektiert. »Schreiben Sie auf, was Sie gesehen haben, und sagen Sie die Wahrheit über die Flüchtlinge! Kürzlich war eine hochgestellte Persönlichkeit hier, deren Namen ich nicht nennen darf, denn der Mann ist Christ. Er behauptete, es gebe kein Flüchtlingsproblem in Darfur!«

Vielleicht meint Pater Joël den Botschafter eines mit der Bundesrepublik befreundeten Landes, der mich in N'djamena ins Gebet genommen hat. Er hielt einen druckreifen Vortrag über die geopolitische Bedeutung Sudans als größter Flächenstaat Afrikas, am Kreuzungspunkt von Anglophonie und Frankophonie, arabischen Ölstaaten und fundamentalistischem Islam. Da diese angeblich christlich sei, unterstützten die USA seit Jahren John Garangs Rebellenarmee, die Demokratie nur für Nordsudan fordere, im Süden aber diktatorisch regiere. In Wahrheit gehe es um Ölvorkommen und Bodenschätze, die nicht bloß im Südsudan, sondern auch in Darfur vermutet werden: Deshalb die von Washington angestrebte Internationalisierung des Konflikts mit dem Fernziel der Aufteilung des Sudan. Eine perfekte Verschwörungstheorie, die nur einen Schönheitsfehler hat: Die ethnische Vertreibung aus Darfur ist keine Erfindung von CNN, es gibt sie wirklich.

Die vom amerikanischen Delegationschef in Genf gezogenen Parallelen zu Ruanda und Kambodscha waren und sind irreführend und falsch – ich darf dies sagen, denn ich habe die Auswirkungen beider Genozide vor Ort erlebt. Aber das ist kein Trost für die Flüchtlinge aus Darfur, denen das Schlimmste erst noch bevorsteht, wenn die Regenzeit beginnt. Ein anderer historischer Vergleich macht mehr Sinn: Im Herbst 2004 begeht Namibia den hundertsten Jahrestag des Herero-Aufstands, der mit einem Massensterben endete. Nach der Schlacht am Waterberg wurden die Hereros in die Omaheke-Wüste abgedrängt, wo ein Drittel des Nomadenvolks – 30.000 Männer, Frauen und Kinder – an Hunger und Durst zugrunde ging: »Innerhalb der deutschen Grenzen wird jeder Herero mit und ohne Gewehr, mit und ohne Vieh erschossen!« Der Ausrottungsbefehl des berüchtigten Generals von Trotha paßt zur Politik der verbrannten Erde in Darfur, wo das Baschir-Regime sich wie eine Kolonialmacht gebärdet – die Knechtung der Schwarzafrikaner hat im Sudan eine unselige Tradition. Aber in einer anderen Hinsicht gebe ich dem europäischen Diplomaten recht: Washingtons Frontstellung gegen den französischen Einfluß in Afrika ist kurzsichtig und kontraproduktiv, denn die auf einer kulturellen Symbiose beruhende Frankophonie ist ein festeres Bollwerk gegen islamischen Fanatismus und Terrorismus als der *American Way of Life*, der, wie derzeit im Irak, nur Öl ins Feuer gießt.

Besser als die schrille Menschenrechtsrhetorik der Gegenwart es vermag, hat der Schriftsteller und spätere Nobelpreisträger André Gide das Problem auf den Punkt gebracht, als er in seinem Reisebericht aus Kongo und Tschad 1927 schrieb: »Die durch mein Buch geweckte Aufmerksamkeit wird bald wieder einschlafen: Bis zu dem Tag, an dem ein anderer Reisender, wie ich von der verrückten Idee angetrieben, sich anzusehen, was dort unten geschieht, neue Machtmißbräuche aufdeckt, ähnliche Abscheulichkeiten anprangert und der Öffentlichkeit zu verstehen gibt, daß sich an diesen Mißbräuchen außer dem Etikett, mit dem man sie bemäntelt, nichts geändert haben wird.«

Der widerlichste Beutezug der Geschichte

Auf Spurensuche zu Joseph Conrads »Herz der Finsternis«

Was für ein Roman! Dabei ist *Heart of Darkness* gar kein Roman, sondern eine Erzählung, genauer gesagt eine Rahmenerzählung, auf halbem Weg zwischen Novelle und Reisebericht. Die Unbestimmtheit der Gattung hat sie mit einem anderen Meisterwerk der frühen Moderne gemein, dessen Inhalt so übermächtig ist, daß die Frage nach der Form unerheblich wird: Franz Kafkas *In der Strafkolonie*. Zwei grundlegende, nein grundstürzende Texte der europäischen Literatur, die beide den Imperialismus thematisieren, in dessen Hoch-Zeit – vor dem Ersten Weltkrieg – sie entstanden sind, und die beide in Kolonialgebieten spielen: Conrads Erzählung am Oberlauf des Kongo und die Kafkas in einer nicht näher bezeichneten Strafkolonie, hinter der sich, wie neuere Forschungen gezeigt haben, das Pazifikterritorium Neukaledonien verbirgt, neben Cayenne, wo Hauptmann Dreyfus seine Strafe verbüßte, Frankreichs wichtigster Deportationsort.[1]

Die Jahre vor 1914 waren auch die Inkubationszeit des Kubismus, bei dessen Entstehung afrikanische Masken und Skulpturen aus Ozeanien Pate standen, die Picasso und Braque im Pariser Musée de l'homme bewunderten. Schon vorher war Paul Gauguin nach Tahiti emigriert; Max Pechstein und Emil Nolde reisten in kaiserlich-deutsche Kolonien im Südpazifik, wo sie sich von der als primitiv gescholtenen Kunst der Inselbewohner zu einem Malstil inspirieren ließen, der Naturmystik mit unverstellter Sexualität verband. Schon früher hatten sich die gegen den bürgerlichen Kunstgeschmack revoltierenden Neuerer *Fauves* genannt, ein Ausdruck, den die Schule der *Neuen Wilden* im Berlin der 80er Jahre wiederbelebte.[2]

Aber nicht die Kolonisierten stehen bei Conrad und Kafka im Mittelpunkt: Die von edlen Wilden zu blutrünstigen Bestien herabgestuften »Anderen« tauchen hier, wenn überhaupt, nur als exotische Staffage auf, deren Klischeehaftigkeit von postkolonialen Kritikern zu Recht angeprangert worden ist. Im Mittelpunkt von Conrads und Kafkas Novellen steht das, was deren anglo-indischer Zeitgenosse Rudyard Kipling als *White Man's Burden* bezeichnet hat, bestehend in einer vorgeblich zivilisatorischen Mission, in deren Namen Europa sich das Recht anmaßte, autochthone Kulturen zu unterjochen, um diesen seinen durch Bibel, Dampfmaschine und Glühbirne verkörperten Fortschritt nahezubringen. Im Sinne der Hegelschen Dialektik von Herr und Knecht, die beiden Erzählungen zugrundeliegt, findet ein Rollentausch statt: Der europäische Protagonist – nicht von ungefähr ein Mann – wirft seine Humanität über Bord und wird zu dem, was er im Bild der »Anderen« bekämpft, zum Raubtier, das seine animalischen Instinkte ungehemmt ausleben darf. Das Adjektiv *animalisch* steht hier nicht von ungefähr, denn die Bestialisierung des Menschen (und die Vermenschlichung des Tiers) findet in noch kruderer Form in den gleichzeitig entstandenen Romanen von Jack London und Rudyard Kipling (*Wolfsblut, Dschungelbuch*) statt – oder in den Tarzan-Büchern von Edgar Rice Burroughs, wo der Vulgärdarwinismus mit Händen zu greifen ist. Auch das Klischee vom *Dschungel der Großstadt,* das die NS-Propaganda gegen die sogenannte Asphaltliteratur ins Feld führte, gehört in diesen Zusammenhang.

Was Conrad und Kafka, der selbst Tierfabeln schrieb, von solchen Trivialmythen unterscheidet, ist der antizipatorische

Charakter ihrer Werke, der deren Wirkung zu Lebzeiten der Autoren beeinträchtigte, in den Jahrzehnten nach ihrem Tod aber überdeutlich zutage trat. Gemeint ist der utopische Gehalt dieser Erzählungen, in denen der totalitäre Staat literarisch vorweggenommen scheint, obwohl dessen Menschenvernichtungspotenzial sich damals noch in der Latenzphase befand: Sowohl Kafkas *Strafkolonie* als auch Conrads *Herz der Finsternis* wurden und werden, mit dem Wissen der Nachgeborenen, als Vorausdeutungen auf Hitlers Konzentrationslager wie auf Stalins GULAG gelesen. »Das Grauen! Das Grauen!« Die letzten Worte des sterbenden Protagonisten Kurtz belegen dies ebenso wie der nachgelieferte Kommentar von Conrads *alter ego* Marlow: »›Wie der Mann reden konnte! Große Versammlungen hat er förmlich elektrisiert [...] Er hätte einen glänzenden Führer für eine extreme Partei abgegeben.‹ ›Welche Partei?‹ fragte ich. ›Jede Partei‹, versetzte der andere.«[3]

Auch der Offizier in Kafkas *Strafkolonie,* der die von seinem Vorgänger ersonnene Folter- und Hinrichtungsmaschine in Gang hält, sieht sich, ähnlich wie der Massenmörder Kurtz, als Künstler, dessen einsame Genialität das Publikum nicht versteht. Noch offensichtlicher wird der Brückenschlag zum Nationalsozialismus beim Blick auf die wichtigste Quelle von Kafkas Erzählung, das 1912 erschienene Buch des Strafrechtsexperten Robert Heindl *Meine Reise in die Strafkolonien,* auszugsweise vorabgedruckt in der Prager Zeitung *Bohemia,* die Kafka regelmäßig las. Ähnlich wie der Forschungsreisende in Kafkas Text lehnte der durch die Einführung des Fingerabdruckverfahrens bekannt gewordene Heindl die Einrichtung von Strafkolonien für das Deutsche Reich ab, nicht etwa aus menschenrechtlichen, sondern aus staatspolitischen Erwägungen, weil er den ökonomischen Nutzen der Zwangsarbeit beim Aufbau der Kolonien bezweifelte. Trotzdem blieb Heindl überzeugt von der Unheilbarkeit von Verbrechern, die er, analog zur späteren NS-Justiz, in die Nähe von Geisteskranken rückte, was den studierten Juristen Kurt Tucholsky zu dem Stoßseufzer veranlaßte: »Es gibt besserungsfähige Verbrecher, aber es gibt unverbesserliche Geheimräte.« In seiner Kritik an Heindls Buch kommt Tucholsky, der Kafkas *Strafkolonie* wohlwollend rezensiert hat, zu einem vernichtenden Schluß, der wie ein vorweggenommener Kommentar zum Eichmann-Prozeß klingt und sich direkt auf Conrads Erzählung übertragen läßt: »Fast alle diese Fachleute aber sind in ihrem Apparat befangen, empfinden das Unrecht nicht mehr, sondern achten nur auf seine formalunanfechtbare Durchführung, als ob Verordnungen, Bestimmungen und Reglements ihre Taten deshalb weniger verbrecherisch erscheinen ließen!«[4]

Anders als Kafkas *Strafkolonie* hat *Herz der Finsternis* einen auf persönlichem Erleben beruhenden, autobiographischen Kern. Im April 1890 verdingt sich Joseph Conrad in Brüssel als Seemann bei der *Société Anonyme Belge pour le Commerce du Haut-Congo* und fährt mit einem französischen Dampfer von Bordeaux nach Westafrika. Schon die Schilderung des ersten Anblicks der afrikanischen Küste nimmt das deprimierende Fazit der Erzählung vorweg – eine Kolonialismuskritik, die nicht abstraktem Vorwissen, sondern dem konkreten Augenschein entspringt: »Die Flagge des Schiffs hing wie ein Lappen schlaff herab, [...] die schmierige, schleimige Dünung hob und senkte es träge, so daß sich seine dünnen Maste hin und her wiegten. Da lag es, in der öden Unermeßlichkeit von Erde, Himmel und Wasser, unbegreiflich, und feuerte auf einen Kontinent [...] Etwas Irrsinniges lag in diesem Vorgehen, eine erbärmliche Komik in diesem Anblick; und dieser Eindruck wurde auch dadurch nicht zerstreut, daß mir jemand an Bord ernsthaft versicherte, daß dort ein Lager der Eingeborenen – er nannte sie Feinde – versteckt sei, irgendwo außer Sichtweite.«[5]

Ein Seestück wie von William Turner, aber anders als die Bilder des britischen Marinemalers ist der Text aufgeladen mit politischer Bedeutung, obwohl oder weil mit keinem Wort von Politik die Rede ist – Ethik und Ästhetik sind, wie stets bei Conrad, zwei Seiten derselben Sache. Nach der Landung in Matadi und auf dem beschwerlichen Fußmarsch nach Léopoldville, heute Kinshasa, wird Joseph Conrad Zeuge der sogenannten Kongo-Greuel, von der belgischen Kolonialverwaltung angerichtete Massaker, denen zwischen 1885 und 1910 nach Schätzungen von Historikern bis zu zehn Millionen Menschen zum Opfer fielen. »Traf einen Offizier vom Staat bei der Inspektion; sah ein paar Minuten später an einem Lagerplatz die Leiche eines Backongo. Erschossen? Unerträglicher Gestank«, notiert Conrad am 3. Juli in sein Reisetagebuch. Und am 4. Juli: »Sah noch eine Leiche am Rand des Pfads in der Haltung nachdenklicher Ruhe.« Für den Weg von der nüchternen Feststellung zur literarischen Beschreibung gibt die folgende Passage Regel und Beispiel zugleich, wobei der Autor, anstatt alle Register seiner Erzählkunst zu ziehen, auf wenige, suggestive Bilder vertraut und die moralische Schlußfolgerung dem Leser überläßt: »Das schwarze Gerippe lag in voller Länge ausgestreckt mit einer Schulter gegen den Baum; langsam hoben sich die Lider, und die tiefliegenden Augen sahen zu mir auf, riesengroß und leer, mit einem blinden weißen Flackern in der Tiefe der Augäpfel, das langsam erstarb [...] Ich wußte nichts Besseres, als ihm ein Stück Schiffszwieback [...], das ich in der Tasche trug, anzubieten.«[6]

Der Scharfblick des Reisenden, der schon an den ersten Anzeichen das Ausmaß der Tragödie ermißt, ist umso erstaunlicher, wenn man bedenkt, daß Joseph Conrad nur die Frühphase der Annexion des Kongo-Gebiets erlebt hatte, das auf der Berliner Konferenz 1885 dem belgischen König Leopold II. als Privatbesitz zugesprochen worden war – ein als philanthropischer Akt getarnter Völkermord, der in der neueren Geschichte seinesgleichen sucht. Conrads Erzählung schildert die Jagd nach Elfenbein, schon vor Henry Morton Stanleys Durchquerung des afrikanischen Kontinents ein begehrter Exportartikel, der zu Schachfiguren, Schmuck oder Klaviertasten verarbeitet wurde. Im Auftrag Leopolds II. schloß Stanley mit im Einzugsgebiet des Flusses ansässigen Stammesfürsten Verträge, für die das Beiwort »ungleich« noch zu schmeichelhaft ist, denn anders als die Ureinwohner Amerikas traten die Häuptlinge nicht nur ihr Land, sondern auch dessen Bewohner an Belgiens König ab, der sie als Lastenträger und Holzfäller zwangsrekrutieren und beim Straßenbau zugrundegehen ließ. Nachdem auf den von Stanley gebahnten Pfaden die Elefantenherden dezimiert worden waren – der Imperialismus war auch das Zeitalter der Großwildjagd – trat ein anderer Rohstoff an die Stelle des Elfenbeins. Der von Brasilien ausgehende Kautschukboom, damals noch auf Wildpflanzen beschränkt, brachte keine Erleichterung für die Bewohner des Kongobeckens, im Gegenteil – die Zwangseinziehung der Männer zum Kautschuksammeln ließ die Sterberate erneut hochschnellen. Wer weniger als die vorgeschriebene Menge ablieferte, wurde durch Auspeitschen, Abhacken der Hände oder mit dem Tode bestraft, und infolge der Monokultur kam es zu einer durch Brachliegen der Felder verursachten Hungersnot. Im gleichen Zeitraum – von 1900 bis 1908 – erwirtschaftete die *Société Anonyme* Gewinne von 700 Prozent.[7]

Die schamlose Bereicherung, gekoppelt mit einer selbst für damalige Verhältnisse rücksichtslosen Ausplünderung der Ressourcen, einschließlich menschlicher Arbeitskraft, rief mächtige Widersacher auf den Plan. Belgien galt als Emporkömmling unter den imperialistischen Staaten, deren Monopole gnadenlos miteinander konkurrierten. Britische Abolitionisten, die nicht der anglikanischen Staatskirche, sondern protestantischen Sekten nahestanden, hatten schon im 19. Jahrhundert lautstark und mit Erfolg die Abschaffung des Sklavenhandels propagiert. Anknüpfend an diese humanitäre Tradition, organisierte Edmund D. Morel, der als Liverpooler Schiffahrtsagent von den Kongo-Greueln erfahren hatte, eine internationale Pressekampagne, die in England und den USA prominente Fürsprecher fand. Zu Morels Unterstützern gehörte der mit Conrad befreundete britische Konsul in Matadi, Sir Roger Casement, dessen schockierende Berichte die Öffentlichkeit wachrüttelten, sowie Mark Twain, der den amerikanischen Präsidenten Theodore Roosevelt über die Vorgänge im Kongo informierte. 1905 veröffentlichte er ein Pamphlet mit dem Titel *King Leopold's Soliloquy* (König Leopolds Selbstgespräch), das mehrfach neu aufgelegt wurde und dessen Erlös der *Congo Reform Association* zugute kam. In Mark Twains Text ereifert sich der belgische König über die neueste Errungenschaft der modernen Technik, »die unbestechliche Kodakkamera [...] Der einzige Augenzeuge in all diesen Jahren, den ich nicht bestechen konnte.«[8]

Obwohl er Millionen ausgab, um Abgeordnete und Journalisten zu kaufen – auch im deutschen Reich, dessen Kaiser ihm nicht wohlgesonnen war – mußte Leopold II. klein beigeben und das Kongogebiet, bisher Privatbesitz der Krone, 1908 an den belgischen Staat abtreten, der dafür seine Schulden in Höhe von 110 Millionen übernahm: Ein lukratives Geschäft, aber doch ein Prestigeverlust für den Monarchen. Ausschlaggebend für dessen Niederlage im Public-Relations-Streit war nicht etwa Joseph Conrads Erzählung, die damals schon gedruckt vorlag, sondern die bei Mark Twain erwähnten Fotos, auf denen Augenzeugen, zumeist protestantische Missionare, die Kongo-Greuel dokumentierten: Bilder von Auspeitschungen oder Hinrichtungen, Kindern mit abgehackten

Händen etc. Ein fernes Echo dieser Grausamkeiten findet sich in Conrads Schilderung des mit abgeschlagenen Köpfen verzierten Zauns, der das Anwesen von Kurtz umgibt: »Ich hätte überhaupt keine Vorstellung von den hiesigen Verhältnissen, sagte er: Dies seien die Köpfe von Rebellen. Er war über alle Maßen erschrocken, als ich laut auflachte. Rebellen! Welche Bezeichnung würde ich als nächstes zu hören bekommen? Man hatte sie Feinde genannt, Verbrecher, Arbeiter – und dies waren nun – Rebellen. Mir kamen diese rebellischen Köpfe auf ihren Stecken ziemlich unterwürfig vor.«[9]

Joseph Conrads Zeugnis wiegt umso schwerer, da seine Erzählung *vor* der von Morel intitiierten Pressekampagne entstanden ist. Daß der koloniale Raubbau auch nach Übernahme des Kongogebiets durch den belgischen Staat nicht beendet war, sondern nur in eine neue Phase eintrat, zeigt der Bericht eines anderen Schriftstellers aus Äquatorial-Afrika. Nach der Genesung von seiner Kriegsverletzung, die ihm einen kaputten Arm und einen Orden eintrug, reiste Louis-Ferdinand Céline, der mit bürgerlichem Namen Destouches hieß, im Mai 1916 nach Kamerun. Von Bikobimbo an der Grenze zu Spanisch-Guinea, wo er sich als Handelsagent niederließ, schrieb er seiner Verlobten Simone Saintu nach Paris: »Der Handel, den ich treibe, ist von himmlischer Einfachheit, er besteht darin, Elefantenzähne gegen Tabak zu kaufen – 2 Päckchen Maryland für einen Stoßzahn, [...] der einzige Grund, der mich verleitet, noch in diesem charmanten Land zu verweilen, (um) es mit Tabak zu überschütten, bis der letzte Elefant tot ist.« Und in einem Brief an seinen Freund Albert Milon zieht Céline ein Fazit, das an zynischer Deutlichkeit nichts zu wünschen übrig läßt: »Man geht in die Kolonien, insbesondere nach Äquatorial-Afrika, um Geld zu machen *und nicht um sich dort niederzulassen.*«[10]

Célines desillusionierende Erfahrungen in Afrika sind in seinen 1932 erschienenen Roman *Reise ans Ende der Nacht* eingegangen, dessen Titel eine versteckte Hommage an Joseph Conrad enthält. Ähnlich wie im eine Generation zuvor entstandenen *Herz der Finsternis* deckt Céline die hinter humanitären Phrasen verborgene Realität des Imperialismus auf, dessen Herrschaft buchstäblich auf Leichenbergen errichtet war. Aber das ist nur die halbe Wahrheit, denn beide Autoren blieben befangen in den kolonialen Vorurteilen ihrer Zeit. Céline machte keinen Hehl aus seiner Verachtung für die »primitiven« Afrikaner, denen er alle nur möglichen negativen Eigenschaften zuschrieb, vom Kannibalismus bis zum Körpergeruch – ein Arsenal rassistischer Klischees, das voll ausgebildet schon bei Joseph Conrad in Erscheinung tritt: »ein Gewirbel schwarzer Glieder, gellendes Geschrei, eine Unmenge klatschender Hände, rollender Augen, stampfender Füße, sich wiegender Leiber [...] Der prähistorische Mensch verfluchte uns, betete uns an, hieß uns willkommen – wer konnte das sagen? Wir [...] glitten vorüber wie ein Phantom, verwundert und insgeheim entsetzt, wie Gesunde angesichts eines Ausbruchs von Raserei in einem Irrenhaus.«[11]

Die Flußfahrt auf dem Kongo wird zu einer Zeitreise in die Ur- und Frühgeschichte der Menschheit, und der Autor projiziert sein Unbehagen an der europäischen Kultur auf zu Geisteskranken erklärte »Primitive« – eine Gleichsetzung, die nicht erst im NS-Staat ihre mörderischen Konsequenzen offenbart hat. Der nigerianische Romancier Chinua Achebe hat am vehementesten Einspruch erhoben gegen derartige Rassenvorurteile und Klischees, und seine Stimme hat doppeltes Gewicht, weil er dem durch einen grausamen Bürgerkrieg dezimierten Volk der Ibos entstammt: »Der wesentliche Punkt meiner Beobachtungen dürfte nunmehr ziemlich klar sein, nämlich daß Conrad durch und durch Rassist war [...] Aber das ist nicht einmal der Punkt. Die eigentliche Frage ist die Entmenschlichung Afrikas und der Afrikaner, die von dieser althergebrachten, weitverbreiteten Haltung nach wie vor begünstigt wird. Und die Frage ist, ob ein Roman, der diese Entmenschlichung feiert und einen Teil der Gattung Mensch depersonalisiert, ein großes Kunstwerk genannt werden kann. Meine Antwort: Nein, kann er nicht.«[12]

Dieser Frontalangriff gegen Joseph Conrad ist umso bemerkenswerter, als er zu einer Zeit formuliert wurde, da die *Political Correctness* noch nicht erfunden war. Andererseits war Chinua Achebe literarisch viel zu sensibel und kompetent, um nicht zwei mögliche Gegenargumente anzuführen: Erstens, »daß es nicht die Aufgabe fiktionaler Literatur ist, den Leuten zu gefallen, von denen sie handelt«, und zweitens, daß »Conrad [...] 1890 den Kongo hinabgesegelt« ist. Nicht nur *Heart of Darkness*, auch Achebes Einspruch gegen Conrads Text hat inzwischen historische Patina angesetzt. Er stammt aus der heroischen Phase der Entkolonialisierung, als, im Zeichen der Kulturrevolution von 1968, die bürgerliche Geschichtsschreibung in ihr diametrales Gegenteil verkehrt wurde. So hat Chinua Achebe die dogmatische Behauptung, an allen Fehlentwicklungen der Dritten Welt sei der Kolonialismus schuld, in späteren Schriften revidiert. Trotzdem blieb er bei seinem Verdammungsurteil über ein Buch, »das in höchst vulgärer Weise Vorurteile und Beleidigungen aufführt, unter denen ein Teil der Menschheit [...] unsägliche Qualen und Scheußlichkeiten erlitten hat und bis zum heutigen Tag erleidet«.[13]

Dieses Argument ist durchaus nachzuvollziehen, und doch geht es am literarischen Kern der Sache vorbei, nämlich an der Ambivalenz, die jedes Kunstwerk, das diesen Namen verdient, reicher und vielschichtiger macht als die manifesten Absichten seines Autors. Das gilt für Joseph Conrads *Herz der Finsternis* ebenso wie für die Romane von Achebe, Kafka oder Céline, deren ästhetischer Mehrwert gerade in ihrer

Mehrdeutigkeit liegt, die den Zeithorizont ihrer Entstehung überschreitet und sie auch unter völlig anderen Bedingungen rezipierbar macht. So läßt sich ohne Schwierigkeit nachweisen – und dies ist auch geschehen –, daß es im Werk von Joseph Conrad sowohl antisemitische als auch frauenfeindliche Tendenzen gibt, sowie eine dem Autor unbewußte, latente Homosexualität. Conrads literarischer Bedeutung tut dies keinen Abbruch, genausowenig wie Célines spätere Wendung zum Antisemitismus den Rang der *Reise ans Ende der Nacht* zu schmälern vermag. Die Größe dieser Autoren liegt darin, daß sie den Imperialismus *von innen heraus* kritisieren, indem sie, statt Fahnen zu schwenken oder oppositionelle Meinungen zu artikulieren, die Lügen der Herrschenden und die Lebenslügen der Beherrschten beim Wort nehmen. Das tut auch Kafka, dessen Forschungsreisender gegen seinen Willen die Unmenschlichkeit des Strafsystems aufdeckt, das er halbherzig zu reformieren versucht.

Diese Doppelbödigkeit ist ein untrügliches Kennzeichen literarischer Qualität, deren Wahrheit im Aushalten schmerzhafter Widersprüche liegt. So haben neuere Forschungen gezeigt, daß Shakespeares *Kaufmann von Venedig* mit gleichem Recht als antisemitische Karikatur wie als Anklage gegen den Antisemitismus gelesen werden kann, was ähnlich für die Darstellung des Schwarzen in *Othello* gilt.[14]

Joseph Conrad starb auf den Tag genau zwei Monate nach dem 26 Jahre jüngeren Franz Kafka, am 3. August 1924. In einem seiner letzten Briefe verteidigte er die Ambivalenz der Literatur mit dem Hinweis auf »die völlige Bedeutungslosigkeit einer expliziten, eindeutigen Aussage und ihre Eigenschaft, von all dem abzulenken, was wahre Kunst ausmacht« – Worte, die seiner Erzählung als Motto voranstehen könnten.[15]

Wer will, kann auf jede historisch-geographische Bezugnahme verzichten und *Heart of Darkness*, ähnlich wie Kafkas *Strafkolonie*, als metaphysisches Drama lesen oder als theologische Abhandlung, in der es um Schuld und Sühne geht oder um das Ringen zwischen Licht und Finsternis. Solche Lesarten sind legitim, aber sie ignorieren den konkreten Ort, der so wenig austauschbar ist wie Berlin, Dublin oder Danzig im Werk von Döblin, Joyce und Grass. Es gibt einen *genius loci* der Literatur, und wer die Stromschnellen des Kongo mit eigenen Augen gesehen hat, liest *Herz der Finsternis* anders als jemand, der das Innere Afrikas nur vom Hörensagen kennt. Ich war zweimal an den Schauplätzen von Joseph Conrads Erzählung: 1986 in Kinshasa, dem früheren Léopoldville, wo Conrad knapp hundert Jahre zuvor am Bau des Bahnhofs beteiligt war, und 1997 bei der »Befreiung« von Kisangani, ehemals Stanleyville, durch Truppen des Rebellenführers Kabila. Damals hieß Kongo noch Zaire und wurde von dem Diktator Mobutu beherrscht, der mit vollem Namen Mobutu Sese Seko Kuku Ngbendu Wa Za Banga hieß – der Leopard, der überall, wo er hintritt, verbrannte Erde hinterläßt. Zum Zeichen seiner Häuptlingswürde trug Mobutu stets eine Mütze aus Leopardenfell und hielt zahme Geparden im Garten seines Palasts. Nach einem Besuch der VR China hatte er den Abacost eingeführt (von französisch: »à bas le costume« – nieder mit dem europäischen Anzug!), eine für die Tropenhitze völlig ungeeignete Parteiuniform, deren Herstellung Monopol von Mobutus Familienclan war. Nach der Landung nahm mich der Protokollchef des Flughafens in Empfang und führte mich an der Paß- und Zollkontrolle vorbei in die Küche des Flughafenrestaurants, wo er mir geschmuggelte Diamanten zum Kauf anbot. Unter einem Transparent mit der Aufschrift *Le Beaujolais nouveau est arrivé* erwarteten mich in Abacosts gekleidete Funktionäre des Schriftstellerverbands. Sie überreichten mir Giftpfeile und Speere als Willkommensgruß und machten mich mit ihrem Vorgesetzten bekannt, einem Oberst mit Stammesnarben im Gesicht, der im November 1965 die Meldung von Mobutus Machtergreifung im Radio verlesen hatte und seitdem als Medienexperte galt, dem auch die Literatur unterstand. »Das nächste Mal will ich ein Gedicht von Dir hören«, herrschte er bei einem Bankett mir zu Ehren einen zairischen Schriftsteller an, der verschämt eingestand, nur Prosa zu schreiben: »Ist das klar?« Und er drohte ihm scherzhaft mit dem Zeigefinger.

Elf Jahre später, in Kisangani, hatte sich das politische Blatt gewendet, und doch schien alles, wie in Conrads Erzählung, beim Alten geblieben zu sein. Außer Ölsardinen und Zahnpasta gab es auf dem Markt nichts zu kaufen; die Wälder waren leergeschossen, der Fluß, der zu Conrads Zeiten noch von Nilpferden und Krokodilen wimmelte, war ausgefischt, und das einzige, was es zu essen gab, war ein Fisch namens Kapitän, für den der Fischer Schadensersatz von mir verlangte, weil ein Dieb ihm den Kopf gestohlen habe – der Kopf des Kapitäns galt als bestes Stück. Die Plünderungen und Massaker beim Abzug der Regierungstruppen und beim Einrücken der Rebellenarmee, deren Chef Kabila im ehemals belgischen Offizierskasino die Vertreter der Presse empfing, beschreibe ich lieber nicht. Ich hatte das Gefühl, an einem von Gott verlassenen, von Geschichte und Geographie verfluchten Ort zu sein, an dem sich nicht viel geändert hatte, seit Joseph Conrad im September 1890 in Stanley Falls an Land gewatet war: »Auf einer kleinen Insel in der Strommitte schimmerte schwach ein kleines, einsames Licht [...] Aber in der Nacht dieser ungeheuren Wildnis stand mir kein schattenhafter Freund zur Seite, kein großartiges, ergreifendes Vermächtnis, sondern nur die nichtswürdige Erinnerung an eine prosaische Zeitungssensation (Stanleys Expedition) und das ekelhafte Wissen um die widerlichste Jagd nach Beute, die je die Geschichte des menschlichen Geistes entstellt hat.«[16]

Anmerkungen

1 Siehe hierzu Walter Müller-Seidel: *Die Deportation des Menschen. Kafkas Erzählung »In der Strafkolonie« im europäischen Kontext,* S. Fischer Verlag, Frankfurt am Main 1989.

2 Vgl. hierzu den Katalog der »Primitivismus«-Ausstellung im Museum of Modern Art, New York 1984, sowie meine Frankfurter Poetikvorlesung: *Die Nähe und die Ferne, Bausteine zu einer Poetik des kolonialen Blicks,* edition suhrkamp, Frankfurt am Main 1991, S. 113 ff.

3 Ich zitiere hier und im folgenden nach der mustergültig übersetzten, edierten und kommentierten Neuausgabe von Daniel Göske: Joseph Conrad: *Herz der Finsternis,* Reclam Verlag, Stuttgart 1991, S. 129

4 Walter Müller-Seidel: *Die Deportation des Menschen,* op. cit. S. 87

5 Joseph Conrad: *Herz der Finsternis,* op. cit. S. 23. f.

6 A. a. O. S. 29.

7 Siehe hierzu Adam Hochschild: *Schatten über dem Kongo. Die Geschichte eines der großen, fast vergessenen Menschheitsverbrechen.* Aus dem Amerikanischen von U. Enderwitz, M. Noll und R. Schubert, Klett-Cotta Verlag, Stuttgart 2000.

8 A. a. O. S. 343. Zu Roger Casement siehe auch: Winfried G. Sebald: *Die Ringe des Saturn. Eine englische Wallfahrt,* Eichborn Verlag, Frankfurt am Main 1992.

9 Joseph Conrad, op. cit. S. 103 f.

10 Louis-Ferdinand Céline: *Briefe und erste Schriften aus Afrika 1916–1917,* Deutsch von Katharina Hock, Merlin Verlag, Gifkendorf 1998, S. 36 f., 84

11 Joseph Conrad, a. a. O. S. 62 f.

12 Chinua Achebe: *Ein Bild von Afrika. Rassismus in Conrads »Herz der Finsternis«,* Alexander Verlag, Berlin 2000, S. 25 ff.

13 Ibid. S. 31. Zur Revision früherer Anschauungen des Autors vgl. den im gleichen Band enthaltenen Essay »Gewidmet Queen Victoria«, S. 100 f., sowie Chinua Achebes Buch: *The Trouble With Nigeria,* London-Nairobi 1984 (Heinemann), passim.

14 Vgl. hierzu Oliver Lubrich: *Shakespeares Selbstdekonstruktion,* Verlag Königshausen & Neumann, Würzburg 2001, insbes. das

Kapitel über Antisemitismus und Stigmabewältigung im »Merchant of Venice«, S. 98 ff.

15 Joseph Conrad, op. cit. S. 143.

16 Ibid. S. 151 ff. Vgl. hierzu das in Kisangani spielende Kapitel meines Romans: *Kain und Abel in Afrika,* Verlag Volk & Welt, Berlin 2001, S. 150 ff.

Monrovia, mon amour

»Letzte Dose Keks, letzte Büchse Milch, letztes Stück Brot«, schrieb der junge Graham Greene 1935 in sein Tagebuch, als er im liberianischen Regenwald, von Fieberkrämpfen geschüttelt, in seinem Zelt darniederlag: »Letzte Nacht habe ich eine Entdeckung gemacht. Ich habe entdeckt, wie sehr ich am Leben hänge. Vorher hatte ich geglaubt, der Tod sei wünschenswert.«

Die Konfrontation mit dem eigenen Tod, die der Autor in seinem frühen Roman *Journey without Maps* geschildert hat, gehört heute zum Alltag Liberias, ebenso wie Hunger, Schwarzwasserfieber und Malaria, zu denen sich in der von Rebellen belagerten Hauptstadt noch die Cholera gesellt. Aber anders als bei Graham Greene geht es nicht um eine Mutprobe oder um ein selbstauferlegtes Martyrium: Liberias Bevölkerung hat ihr Schicksal nicht selbst gewählt, sie ist Opfer eines seit Jahrzehnten andauernden Bürgerkriegs, der zum Stammeskrieg degeneriert ist und unvorstellbar bestialische Formen angenommen hat. »Why not«, sagte mir ein Kindersoldat auf den Straßen Monrovias auf meine Frage, warum er seine afrikanischen Brüder und Schwestern abschlachte – warum eigentlich nicht? Das war 1996, bei meinem zweiten Aufenthalt in Liberia, und schon damals hatte der Krieg meine Prognose, er werde nicht durch Sieg oder Niederlage enden, sondern durch Blutverlust und allgemeine Erschöpfung, als frommen Wunsch entlarvt. Liberia gleicht einer nach unten offenen Richterskala, einem schwarzen

Loch, das ganz Westafrika in seinem Sog zu verschlingen droht, aus dem es für die einheimische Bevölkerung, anders als für den Tropenreisenden Graham Greene, kein Entkommen gibt. Die Nachbarländer nehmen keine liberianischen Flüchtlinge mehr auf, nachdem der Krieg das angrenzende Sierra Leone verwüstet und die Elfenbeinküste destabilisiert hat, die durch französische Truppenpräsenz vor dem Zerfall geschützt zu sein schien. Und die aus Westafrika entsandten Friedenstruppen gossen Öl ins Feuer: Anstatt die Kampfhähne voneinander zu trennen, nahmen sie selbst an Plünderungen und Ausschreitungen teil. Allen voran die Nigerianer, die Container voll Raubgut – Kühlschränke, Fernseher, Autos und Motorräder – in ihre Schiffe luden. Zwar stehen die Soldaten aus Ghana in besserem Ruf, aber das Kürzel der westafrikanischen Wirtschaftsgemeinschaft *Ecomog* wurde in Monrovia zum Synonym für »Every car and moveable object gone« (jedes Auto und bewegliche Objekt weg), so wie der liberianische Volksmund die selbsternannten *freedom fighters* als *freedom killers* bezeichnet: Ob diese auf Seiten von Charles Taylors NPFL (*National Patriotic Front of Liberia*) kämpfen oder in der Rebellenbewegung LURD (*Liberians United for Reconciliation and Democracy*), spielt keine Rolle; die Namen sind ebenso austauschbar wie die politischen Programme, weil das Plündern und Morden zum Selbstzweck geworden ist und der Krieg sich durch die illegale Ausfuhr von Diamanten und Tropenholz selbst finanziert.

Das liberianische Modell ist exportfähig, denn in Westafrika herrscht kein Mangel an Kindern, die nach Ermordung ihrer Eltern zwangsrekrutiert, sexuell versklavt oder unter Drogen gesetzt werden, um als Kanonenfutter verheizt zu werden, und das Schüren von Stammesrivalitäten ist für skrupellose Demagogen ein Kinderspiel. Das Ergebnis spricht für sich: Schon 1996 waren 150 000 von 2,5 Millionen Liberianern ermordet und 300 000 auf der Flucht; seither dürfte die Zahl sich verdoppelt haben.

Die Ironie der Geschichte ist, daß Liberia, ähnlich wie das benachbarte Sierra Leone, lange als Hort der Stabilität im postkolonialen Afrika galt. Beide Staaten waren nie Kolonien, sondern sind Ergebnisse eines bevölkerungspolitischen Experiments, das in lauterster Absicht unternommen wurde. Im frühen 19. Jahrhundert kauften Gegner des Sklavenhandels, Philanthropen aus England und den USA, afrikanische Sklaven frei und transportierten sie auf Schiffen in ihre mutmaßliche Heimat zurück. Dort tauschten sie Tabak und Branntwein, Schießpulver und Textilien gegen Land, auf dem sich die Rückwanderer niederließen. Was dann geschah, paßt weniger zu dem idyllisch geschönten Afrika-Bild, das die Fernsehserie *Roots* (und Alex Haleys gleichnamiger Roman) gezeichnet hat, als in ein marxistisches Lehrstück des jungen Brecht. Die ehemaligen Sklaven bildeten eine neue Oberschicht, die im Namen des Christentums die ortsansässige Bevölkerung unterjochte und als Sklaven verkaufte – nach Abschaffung des Sklavenhandels ein doppelt lukratives Geschäft. Anders als weiße Kolonialherren hatten die sogenannten Americo-Liberianer kein schlechtes Gewissen dabei, ihren afrikanischen Brüdern auf diesem Weg die Werte der Zivilisation zu vermitteln. Der politische Kitt, der die Einwanderer zusammenhielt und von den Einheimischen abgrenzte, war die *True Whig* (= *We hope in God*) Partei, deren Hauptquartier, ein Freimaurertempel im Zentrum Monrovias, seit der Ermordung des demokratisch gewählten Präsidenten Tolbert als öffentliche Toilette dient. 1980 ergriff der Stabsfeldwebel Samuel Doe in einem blutigen Putsch die Macht, nachdem er Tolbert und dessen Familie im Bett zerstückelt hatte, und besetzte alle Schlüsselpositionen in Regierung und Armee mit Angehörigen seiner Volksgruppe, der *Krahn*. Die Machtergreifung einer ethnischen

Minderheit öffnete dem Tribalismus Tür und Tor und brachte Liberias wackeliges Staatsgefüge zum Einsturz, während die frühere Armee sich im Kampf gegen bewaffnete Rebellen zur Stammesmiliz zurückverwandelte. Im Herbst 1990 ging der Putschoffizier Samuel Doe seinen Gegnern in die Falle und wurde vor laufenden Fernsehkameras langsam zu Tode gequält. Bei meinem ersten Liberia-Besuch war die Videokassette mit der Folterung des Staatschefs ein Bestseller in Monrovia: Die Szene, in der seine Peiniger Doe zwingen, seine abgeschnittenen Ohren zu essen, wurde von den Zuschauern mit Beifall und Gelächter quittiert.

Damals dachte ich, es könne nicht schlimmer kommen, aber die Karriere von Charles Taylor, dessen Soldaten abgehackte Köpfe auf die Straße legten, um Autos zum Halten zu veranlassen, hat mich eines Besseren belehrt. Zuvor hatte Taylor sich mit den Einnahmen des von ihm geleiteten Beschaffungsamts (*General Services Agency*) ins Ausland abgesetzt und war nach der Flucht aus einem US-Gefängnis als Warlord nach Liberia zurückgekehrt. Jetzt steht er selbst vor dem Aus, und die Greueltaten der LURD stehen denen der NPFL um nichts nach: Abgeschnittene Köpfe werden, zu makabren Stilleben gruppiert, vor TV-Kameras zur Schau gestellt.

600 Menschen, die den Kämpfen um Monrovia in nur einer Woche zum Opfer fielen – die Zahl der Verwundeten geht in die Tausende – hätten gerettet werden können, wenn George W. Bush sein in Südafrika gegebenes Versprechen wahrgemacht und US-Marines nach Monrovia geschickt hätte. Bushs Zögern war durch das Trauma von Mogadischu motiviert, wo tote GI's im Triumphzug durch die Straßen geschleift wurden, obwohl eine Wiederholung nicht zu befürchten stand. Liberia ist nicht Somalia; alle Bürgerkriegsparteien sympathisieren hierzulande mit den USA, deren Intervention die Kämpfe schlagartig zum Erliegen gebracht

hätte, denn anders als in Irak oder Afghanistan haben schlecht bewaffnete Kindersoldaten keine Chance gegen eine professionelle Armee. Außer dem Abschlachten wehrloser Zivilisten haben die *freedomkillers* nichts gelernt, und Liberias Volksmund zufolge ist das einzige Ziel, das sie treffen, das Meer. Es gibt einen Präzedenzfall, der allzu schnell vergessen wird: Ich war selbst vor Ort, als die US-Navy im April 1996 alle dort verbliebenen Ausländer aus Monrovia evakuierte und durch ihre bloße Präsenz, ohne einen Schuß abzufeuern, der Bevölkerung eine Atempause verschaffte. »Das Leiden der Menschen hier geht uns sehr nah«, sagte mir damals Colonel Forbush, der Kommandeur der Marines, »aber wir haben kein Mandat, in die Kämpfe einzugreifen, obwohl wir militärisch dazu in der Lage sind. Dies ist eine politische Entscheidung, die Washington treffen muß!«

Auch wenn das sogenannte *nation building* in Liberia mit Fragezeichen zu versehen ist: Die Rettung von Menschenleben sollte Vorrang haben vor allen anderen Überlegungen, und dies umso mehr in einem Staat, dessen Hauptstadt den Namen des amerikanischen Präsident Monroe trägt. George W. Bushs Entschuldigung für das historische Verbrechen der Sklaverei ist nichts wert, wenn seinen Worten keine Taten folgen.

Ratlose Gutmenschen

Vom Sinn und Unsinn der Kolonialismuskritik

In Bangui, der Hauptstadt der zentralafrikanischen Republik, meutern Einheiten der Armee, die seit Jahren keinen Sold mehr bekommen haben, von Burkina Faso unterstützte Rebellen erobern Bouaké, die größte Stadt im muslimisch geprägten Norden der Elfenbeinküste, und in Burundi, anders als im Nachbarland Ruanda, werden Hutu-Zivilisten von Tutsi-Soldaten massakriert. Die Kommentare zu den Fernsehbildern sind schwer verständlich oder nebulös, und niemand, so scheint es, hat einen Durchblick, geschweige denn eine befriedigende Erklärung für die periodisch aufflammenden Konflikte im heutigen Afrika. Das liegt nicht etwa daran, daß es keine plausible Erklärung gäbe, sondern daran, daß der vorherrschende linke oder linksliberale Diskurs sich erfolgreich gegen diese sperrt. Es gibt keinen anderen Diskurs, denn aus Angst, als Rassisten oder Kolonialisten gebrandmarkt zu werden, haben die Konservativen sich aus der Afrika-Debatte verabschiedet und der Linken das Feld überlassen, deren Definitionshoheit – früher sagte man kulturelle Hegemonie dazu – über die Dritte Welt ungebrochen ist.

Aus dieser Sicht ist das Elend des Schwarzen Kontinents, der heute am Ende jedweder Statistik rangiert – Afrikas Anteil an der Weltwirtschaft liegt unter einem Prozent – nichts weiter als eine Spätfolge der Kolonialherrschaft, die für alle Mißstände und Übel der Gegenwart herhalten muß. Der schüchterne Hinweis, daß die Kolonialzeit in West- und Ostafrika erst gegen Ende des 19. Jahrhunderts begann und schon ein Menschenalter später beendet war, findet keine Gnade vor dem strengen Blick der Kolonialismuskritiker. Mit Recht weisen sie darauf hin, daß die Annexion afrikanischer Territorien durch europäische Großmächte nur der Schlußpunkt einer historischen Entwicklung war, die 500 Jahre zuvor mit der Ankunft portugiesischer Seeleute eingesetzt hatte und im 18. und 19. Jahrhundert Afrikas Küstenregionen weitgehend entvölkert hat. Bekanntlich wurden billige Industriewaren – Schießpulver und Gewehre, Glasperlen, Stoffe und Schnaps – gegen Sklaven eingetauscht, die in den Südstaaten der USA, Lateinamerika und der Karibik Kolonialprodukte herstellten, deren Exporterlös wiederum dem Ankauf von Sklaven diente: Ein *circulus vitiosus*, der als Dreieckshandel in die Geschichte eingegangen ist und afro-amerikanischen Lobbyisten heute als Begründung zum Einklagen finanzieller Entschädigungen dient.

Abgesehen von der Fragwürdigkeit öffentlicher Entschuldigungen für historisches Unrecht, das nachträglich nicht wieder gutzumachen ist, verschweigen die Kolonialismuskritiker zwei wichtige Tatsachen: Daß arabische Sklavenhändler lange vor Ankunft der Europäer afrikanische Menschen wie Tiere jagten und daß einheimische Potentaten ihnen Kriegsgefangene oder eigene Untertanen zu Spottpreisen abtraten – nicht viel anders als der Kurfürst von Hessen, der seine Untertanen als Soldaten nach Amerika verkaufte. Um diesen unmenschlichen Zustand zu beenden, wurde der Sklavenhandel auf dem Wiener Kongreß 1814 moralisch und politisch geächtet. Schon vorher, im Februar 1794, hatte der französische Nationalkonvent diesen offiziell abgeschafft und alle Bewohner der Kolonien als vollwertige Bürger anerkannt. Aber erst 1888 fiel das letzte Bollwerk institutionalisierter Sklaverei in Brasilien, nachdem die Vereinigten Staaten um diese Frage einen blutigen Bürgerkrieg ausgefochten hatten, der die USA vor ihre härteste Zerreißprobe stellte. Ich betone dies, weil die Bekämpfung des Sklavenhandels, wie halbherzig auch immer, bei der Einrichtung der Kolonien Pate stand. Die Idee der Sklavenemanzipation war, wie der Kolonialismus, ein Produkt der Aufklärung, mit der Europa sich selbstkritisch in Frage stellte, was man von anderen Kulturen nicht behaupten kann. So hat sich nach der Entkolonisierung in Teilen Afrikas – Sudan und Mauretanien – der Sklavenhandel erneut etabliert, während heute nur die Präsenz karitativer und humanitärer Organisationen ein Minimum an Menschlichkeit auf dem schwarzen Kontinent garantiert.

Professionelle Gutmenschen lassen sich durch solche Argumente nicht beeindrucken: Für sie steht der Hauptschuldige am Elend der Dritten Welt ein für alle Mal fest: Sie verweisen auf unfaire *terms of trade* oder auf die Berliner Kongo-Konferenz von 1884/85, die Afrika in europäische Einflußsphären aufteilte. Obwohl die mit dem Lineal gezogenen Grenzen Siedlungsräume durchschnitten und keinerlei Rücksicht nahmen auf religiöse oder kulturelle Gegebenheiten, wurden sie bis heute nicht angetastet. Zu hoffen ist, daß die Büchse der Pandora fest verschlossen bleibt – *Inschallah!* –, denn die Infragestellung der Grenzverläufe zwischen den aus Kolonien hervorgegangenen Staaten würde Afrika in noch heilloseres Chaos stürzen als das ehemalige Jugoslawien, weil der Subkontinent ein ethnischer Flickenteppich ist, der sich nur mit Brachialgewalt in seine Bestandteile zerlegen läßt. Massaker bis hin zum Völkermord und Vertreibungen unvorstellbaren Ausmaßes wären die Folgen, weil die Loyalität der meisten Afrikaner sich nicht auf ihre Nation, sondern primär auf den eigenen Stamm bezieht. Was mit Angehörigen anderer Stämme geschieht, ist ihnen egal, und diese auch in Europa anzutreffende Gleichgültigkeit gegenüber den Leiden anderer, als Überlebensregel früher durchaus sinnvoll, ist nicht kompatibel mit einem modernen Nationalstaat – geschweige denn mit der Respektierung der Menschenrechte.

Damit bin ich endlich beim Thema, denn die Kolonialismuskritiker scheuen das Wort *Stamm* wie der Teufel das Weihwasser, weil es einen kolonialen Beiklang hat und nicht zu den idyllisch verklärten Zuständen paßt, die vor der Ankunft der Europäer in Afrika geherrscht haben sollen: Ein lichtes Gegenbild zur Kolonialzeit, die man stets in düstersten Farben malt. Die Wahrheit aber ist, daß die von Gutmenschen geleugneten Stammeskonflikte aus Geschichte und Gegenwart Afrikas nicht wegzudenken sind. Die schlimmsten Aderlässe seit der Unabhängigkeit – der Völkermord in Ruanda und die bestialischen Bürgerkriege in Biafra und Liberia – sind überhaupt nur so zu erklären. Natürlich spielten auch externe Faktoren dabei eine Rolle, und die Kolonialismuskritiker führen bemühte Eiertänze auf, um von den ethnischen Ursachen abzulenken und der Rivalität der Großmächte oder dem Profitstreben multinationaler Konzerne die Schuld in die Schuhe zu schieben. Besonders absurd ist dies am Beispiel Ruandas, wo es weder Erdöl, noch Gold oder Diamanten, wohl aber die aus vorkolonialer Zeit stammende Erbfeindschaft zwischen Tutsi-Hirten und Hutu-Bauern gab. Schon zu Beginn des 20. Jahrhunderts warnten protestantische Missionare vor einer Explosion der sozialen Unzufriedenheit, denn durch die deutsche und später belgische Kolonialherrschaft hatte sich die Unterdrückung der Mehrheit durch die Minderheit noch verschärft. Um den Stein des Anstoßes aus dem Weg zu räumen, werden Hutus und Tutsis von professionellen Gutmenschen kurzerhand für nichtexistent erklärt; den ethnischen Antagonismus, so heißt es, hätten deutsche Kolonialherren ersonnen, um die Völker Ostafrikas gegeneinander auszuspielen und besser beherrschen zu können. Das partiell Richtige, das in dieser Behauptung steckt, klingt so einleuchtend, daß man das Falsche übersieht, obwohl selbst ein flüchtiger Augenschein in Ruanda oder Burundi Besucher eines Besseren belehrt. Aber der progressive Diskurs über die Dritte Welt ist gegen jede Realitätsprüfung immun.

Umso erfreulicher, wenn ein afrikanischer Intellektueller, der nicht im Verdacht steht, den Kolonialismus schönreden zu wollen, die Dinge beim Namen nennt. Bei der Vorstellung seines in 23 Sprachen übersetzten Romans *Allah muß nicht gerecht sein* im Berliner Haus der Kulturen sagte Ahmadou Kourouma, Tribalismus, also Stammesdenken, Korruption und Brutalität seien die Hauptübel Afrikas, und der beliebte Trick, hausgemachte Mißstände anderen anzulasten, lenke von der Eigenverantwortung der Afrikaner ab. Ein großes Wort, und der mit dem Prix Renaudot ausgezeichnete ivorische Autor sprach es gelassen aus.

Daß dies nicht nur eine akademische Frage ist, zeigt die Enteignung der weißen Farmer Zimbabwes als Sündenböcke für ein bankrottes Regime, das die Menschenrechte mit Füßen tritt. Falls dieses Beispiel Schule macht (Namibia hat ähnliche Maßnahmen angekündigt) dann ist auch Südafrika bedroht – der letzte Hort der Demokratie auf dem Schwarzen Kontinent.

Goethe in Douala

Beobachtungen in Kamerun

Yaundé, Januar 2004

»Kamerun ist das korrupteste Land Afrikas, und die katholische Kirche ist hierzulande die einzige echte Opposition«, sagt Pater Jean-Pierre Mukengeshayi, der mir im Büro der Erzdiözese von Douala gegenübersitzt. »Alle politischen Parteien wurden von der Regierung gekauft oder manipuliert, und die Wiederwahl des seit zwanzig Jahren alleinregierenden Staatschefs Biya, der mehr Zeit in seinem Feriendomizil am Genfer See verbringt als in Kamerun, gilt jetzt schon als sicher. Genauso sicher ist die Fälschung der für Herbst 2004 geplanten Präsidentschaftswahl!« Der aus Zaire stammende Pater ist die rechte Hand von Kardinal Tumi, der in Hirtenbriefen und Predigten Kameruns Mißstände beim Namen nennt, und für einen Trappisten ist der junge Priester äußerst beredt. »Fraude, fraude, fraude!« (»Alles Betrug«), wiederholt er dreimal und bittet im Vorzimmer wartende Bittsteller, unter ihnen eine schwangere Frau, die verzweifelt die Hände vors Gesicht schlägt, um noch ein wenig Geduld. »Unser Volk hat resigniert. Lähmende Letargie macht sich breit. Dabei ist Kamerun ein reiches Land, in dem niemand Hunger leiden müßte. Wasserkraft und Tropenholz – alles im Überfluß vorhanden! Aber jetzt ist die Wüste auf dem Vormarsch, und ähnlich wie im Nachbarland Äquatorial-Guinea hat der Ölboom die Armen noch ärmer gemacht, während die Nutznießer des Regimes nicht Millionen, sondern Milliarden in die Schweiz transferieren. Die Jugend will nur noch weg von hier, denn das bißchen Geld, das sich mit Internet-Cafés und

Call-Boxes verdienen läßt, geht für die Bestechung von Polizisten drauf, die Moped-Taxis und Handy-Verleihern das Leben zur Hölle machen. Alle wollen nach Deutschland, aber von 100 000 Kamerunern, die deutsch lernen, bekommen weniger als ein Prozent ein Visum für die Bundesrepublik!«

Von draußen ist Kindergeschrei zu hören: Schüler der nach dem Gründer des Salesianerordens benannten *École Saint Jean Bosco* toben auf dem Vorplatz der Kathedrale herum und werfen Turnschuhe und Sandalen ins Laub eines Mango-Baums, aus dem unreife Früchte niederprasseln. Ich will wissen, ob Kardinal Tumi sich in die Politik einmischt, und ob das in Kamerun nicht gefährlich sei? »Obwohl seine Widersacher das Gegenteil behaupten, hat er keine politischen Ambitionen und kandidiert nicht für die Präsidentschaftswahl. Aber jeder, der zu den Realitäten des Landes Stellung nimmt, macht sich die Regierung zum Feind. Seit ich für den Kardinal ein Dossier erstellt habe über das spurlose Verschwinden neun junger Männer, die von Spezialkommandos entführt und ohne Gerichtsurteil ermordet worden sind, erhalte ich anonyme Briefe und Anrufe mit der Aufforderung, nach Kinshasa zurückzukehren, weil mir in Douala etwas zustoßen könnte. Die Drohung beeindruckt mich nicht, denn als gläubiger Katholik habe ich keine Angst vor dem Tod!«

Gegenüber der Kathedrale liegt der alte Kolonialfriedhof, der in einem Meer von Unkraut versinkt. Deutsche Matrosen und Soldaten, Offiziere, Ärzte und Lehrer, einfache Arbeiter und hohe Beamte sind hier beigesetzt. Sie fielen Tropenkrankheiten zum Opfer und wurden nicht viel älter als das Kolonialregime, das nach nur 30 Jahren im Ersten Weltkrieg endete. Der Rundgang zwischen den verwitterten Grabsteinen, über die Geckos und Eidechsen huschen, wird zur Zeitreise in die Vergangenheit: »Hier ruht in Gott Heinrich Freiherr von Gagern«, lese ich, »Dr. jur., kaiserlicher Assessor, Bezirksamtmann in Kamerun, 1868–1900«, und ein paar

Meter weiter, nur mit Mühe entzifferbar: »Josef Schmidhuber, 1887–1913, gestorben in treuer Pflichterfüllung im Dienst der Eisenbahn«. Kürzer läßt sich die deutsche Kolonialzeit kaum zusammenfassen.

Nach meinem Vortrag in Bonaberi am anderen Ufer des Wouri-Flusses, das nur über eine von Lastwagenkolonnen verstopfte, gefährlich vibrierende Brücke zu erreichen ist, will ein Zuhörer wissen, warum Gerhard Schröder auf seiner letzten Afrika-Tournee nicht in Kamerun war? Interessieren sich die Deutschen nicht mehr für ihre ehemalige Kolonie und haben sie Afrika ganz abgeschrieben? Die Antwort, daß die Bundesrepublik im Reformstau stecke und mit den Folgekosten der Wiedervereinigung und der europäischen Integration überfordert sei, überzeugt niemanden, denn gemessen an Kamerun ist Deutschland trotz seiner Arbeitslosen ein schwerreiches Land. Aber der Hinweis, daß Schröder nur afrikanische Staaten besucht, die demokratische Reformen eingeleitet haben, leuchtet allen ein, ohne daß die herrschende Nomenklatura beim Namen genannt werden muß. »Wir hoffen trotzdem«, sagt Prinz Kum'a Ndumbe III., dessen Großvater wegen Anstiftung zur Revolte gegen die Kolonialtruppen öffentlich hingerichtet wurde, »daß die Bundesrepublik Kamerun nicht vergißt.« Der studierte Historiker hat in beiden deutschen Staaten gelebt und weiß, wovon er spricht: In Privatinitiative hat er in seiner Heimatstadt Douala ein Kulturzentrum eröffnet, in dem Afrikaner und Europäer gemeinsam die Kolonialgeschichte aufarbeiten; wegen knapper Kassen in Deutschland und Kamerun muß *Africavenir* derzeit ohne Subventionen zurechtkommen.

Nach dem Ende des kurzlebigen Ölbooms sind deutsche Firmen, die früher zahlreich hier vertreten waren, nach Äquatorial-Guinea abgewandert; sogar die Lufthansa fliegt neuerdings die Hauptstadt Malabo an. Die deutsche Präsenz in Kamerun beschränkt sich auf Friedrich-Ebert-Stiftung und

GTZ, Botschaft und Goethe-Institut – und auf Monsieur Cyrille Goethe, Fotograf im Ruhestand. Sein aus Sierra Leone stammender Großvater gab in Douala Englischunterricht; aus Bewunderung für Goethes Faust legte er sich den Namen des deutschen Dichters zu. Cyrille Goethe wollte Fußballspieler werden, aber sein Vater vermachte ihm eine Kamera, und als Freund und Förderer der Fußballnationalmannschaft wurde er ins Parlament gewählt. Der alte Herr deutet voller Stolz auf ein gerahmtes Foto, das ihn im Gespräch mit Staatspräsident Biya zeigt; daneben hängt ein vergilbter Brief des französischen Gouverneurs, der seinen Vater ermächtigt hat, in Ausübung seiner Arbeit als Fotograf die Eisenbahn dritter Klasse zu benutzen: Ein seltenes Privileg, denn damals, 1931, herrschte in Kamerun eine Art Apartheid – Schwarzafrikaner waren von den meisten Berufen ausgeschlossen und bekamen vor Gericht niemals Recht. Anders als die nostalgisch verklärte deutsche Kolonialherrschaft ist die französische in unguter Erinnerung: Nur die grünlackierte Statue des Generals Leclerc de Hautecloque, der, auf seinen Stock gestützt, den Palast des auf deutschen Befehl exekutierten Königs Manga Bell in Augenschein nimmt, zeugt von Frankreichs Präsenz in Kamerun, die bis heute andauert: Ohne Plazet aus Paris gibt es hierzulande keinen Regierungswechsel.

Die Autofahrt von Douala in die von Deutschen gegründete Hauptstadt Yaoundé, die des gesünderen Klimas wegen im bergigen Landesinnern liegt, dauert vier bis fünf Stunden. Links und rechts der Straße verwilderte Ananas- und Bananenplantagen, von Sekundärwald überwuchert. Ab und zu donnert ein mit Baumstämmen beladener LKW vorbei. Kostbares Tropenholz, anderswo eine Rarität, wird in großem Maßstab aus Kamerun exportiert, und der Raubbau gefährdet nicht nur das ökologische Gleichgewicht, sondern auch Menschenleben: Kommt ein LKW von der Fahrbahn ab, begräbt seine tonnenschwere Ladung Autos und Fußgänger unter sich. »Stellen Sie sich vor, es herrscht Blackout«, sagt eine Mitarbeiterin des Goethe-Instituts augenzwinkernd, »und auf der nachtdunklen Piste sind nur schwarzgekleidete Passanten unterwegs!«

An Ortseingängen und größeren Kreuzungen haben Polizisten Straßensperren errichtet; unter dem Vorwand, Fahrzeugpapiere zu überprüfen, knöpfen sie LKW-, Taxi- und Busfahrern sowie deren Passagieren Wegzölle ab, weil die Regierung unregelmäßig Gehalt bezahlt und die Beamten stets knapp bei Kasse sind. »Sie werden mich doch nicht in dieser Affenhitze verdursten lassen«, sagt ein Gendarm und blättert zerstreut in meinem Paß: »Das Monatsende steht bevor, und ich brauche ein Geschenk für meine Frau!« – »Ich auch, und ich bin genauso durstig wie Sie!« Die Szene löst sich in befreiendes Gelächter auf.

Anders als das benachbarte Nigeria ist Kamerun ein kleines Land, wo jeder jeden kennt. Aber der familiäre Umgangston täuscht über die hinter der Idylle lauernden Gegensätze hinweg. Damit ist nicht der Unterschied zwischen anglophonen und frankophonen Regionen gemeint, sondern Tribalismus, eines der Grundübel Afrikas. Kamerun ist ein ethnischer Flikkenteppich, in dem keine Volksgruppe die Mehrheit hat; wie anderswo auch hat der Staatschef die Schlüsselstellungen mit Leuten seines Clans besetzt und, um den Bogen nicht zu überspannen, anderen Ethnien geringfügige Konzessionen gemacht. »Die herrschende Clique hat sich bereichert bis zum Geht-nicht-mehr«, sagt Ali, unser aus dem Norden stammender Chauffeur: »Kommt eine andere Gruppierung an die Macht, fängt das Stehlen und Plündern von vorne an.« – »Das ist typisch Bassa«, herrscht er eine Marktfrau an, die ihm eine unreife Kokosnuß verkaufen will: »Außer Lügen und Betrügen habt ihr Bassas nichts gelernt!«

Paul Biyas autokratisches Regime hat auch sein Gutes, denn trotz latenter Spannungen blieb der Zerfall des Zentralstaats, der von Liberia kürzlich auf Côte d'Ivoire übergriff, Kamerun bisher erspart. Ein Völkermord wie im ostafrikanischen Ruanda ist in Westafrika schwer vorstellbar, obwohl der Biafra-Krieg mehr Tote gefordert hat – ganz zu schweigen von den Massakern in Angola und Zaire. Vielleicht ist dies der Grund, warum Kardinal Tumi, das eingangs erwähnte Gewissen der Nation, Kameruns Zukunft in düsteren Farben malt. Seiner Meinung nach steht das Land vor dem Ruin, und beim Zusammenbruch des korrupten Regimes könnte der angestaute Konfliktstoff gewaltsam explodieren. Diese Sorge kommt zum Ausdruck im folgenden Gedicht, das eine Studentin des Goethe-Instituts in deutscher Sprache geschrieben hat: »Arme Zukunft / ohne dich bin ich nichts / ohne dich bin ich verirrt // Arme Zukunft / entfernt von mir / getrennt von mir // Wie wirst du in zehn Jahren sein? / Welches Gesicht wirst du mir zeigen? / Verletzt von den Bosheiten dieser Welt: / Kriegen, Katastrophen, Krankheiten // Arme Zukunft / ich habe Angst, dich anzugehen / Scham, mich dir zu nähern / ich bin hoffnungslos / ich bin bestürzt«. Aber anders als wohlhabende Deutsche, die Weltmeister im Meckern und Jammern sind, geben die Afrikaner auch unter widrigen Umständen die Hoffnung nicht auf, und so mündet das Gedicht der jungen Kamerunerin, nach Gramscis berühmter Devise »Optimismus des Herzens, Pessimismus des Verstandes«, in einen positiven Schluß: »Aber mit ein wenig gesundem Menschenverstand / mit Bewußtwerdung / und ein wenig Mut / zeigst du mir dein schönstes Gesicht / und ich werde dich lächelnd küssen!«

»Ich tanze, also bin ich!«

Anmerkungen zur afrikanischen Literatur

Auf einem hochkarätig besetzten Schriftstellerkongreß im Herbst 2000 in Seoul, der Hauptstadt von Südkorea, überraschte der Nigerianer Wole Soyinka das Publikum mit einer sensationellen Enthüllung: Neueste Forschungen hätten ergeben, so erklärte der Literaturnobelpreisträger von 1986, dessen Initialen mit denen von Shakespeare identisch sind, daß dieser kein englischer Dramatiker, sondern ein arabischer Märchenerzähler aus Damaskus gewesen sei. Sheik Al Subeiri, so Shakespeares richtiger Name, sei als Sklave nach London verkauft worden, wo er die Märchen von *1001 Nacht* ins Englische übertragen habe und wegen seines Erzähltalents zum Leiter des Globe Theater aufgestiegen sei. Die südkoreanischen Zuhörer waren sprachlos, unter ihnen viele Anglistikprofessoren, die sich eifrig Notizen machten, um die neuesten Erkenntnisse der Shakespeare-Forschung ihren Studenten vermitteln zu können. Je nach Standpunkt des Betrachters war das Ganze ein guter Witz oder ein schlechter Scherz, der zweierlei bewies: Daß Ironie in Asien anders funktioniert als in Europa – was nicht heißen soll, daß Koreaner keinen Humor haben –, und daß afrikanische Schriftsteller nicht weniger urban und kosmopolitisch sind als ihre europäischen oder amerikanischen Kollegen. Als ich Wole Soyinka vor Jahren in seiner Heimatstadt Abeokuta besuchte, antwortete er auf die Frage, ob es sinnvoll sei, Literatur zu schreiben in einem Land, dessen Mehrheit aus Analphabeten besteht: »Ist eine Person, die ästhetisches Vergnügen empfindet, wenn sie ein Bild betrachtet, ein TV-Drama sieht oder ein Hörspiel hört, wirklich ein Analphabet?« Und er verwies auf mündliche Märchenerzähler, deren Kunst nicht nur auf afrikanischen Märkten, sondern auch in modernen Medien wie Film und Theater, Radio und Fernsehen weiterlebt.

Meine Frage, warum er nicht in seiner Muttersprache Yoruba schreibe, sondern auf englisch, der Sprache des weißen Mannes, beantwortete er mit einem kritischen Seitenhieb auf seinen kenianischen Kollegen Ngugi Wa Thiong'o, der seine Bücher nur noch in Kikuyu verfaßt: »Ist es gerechtfertigt, die Leiter hinter sich hochzuziehen, wenn man eine bestimmte Stufe der Prominenz erreicht hat? Der Vorwurf, ich schriebe nur für weiße Leser, weil ich eine europäische Sprache benutze, ist unhaltbar und verlogen. Wer die Diskussion auf diesen Aspekt einengt, verschließt die Augen davor, daß man nur auf diesem Weg mit Afrikanern überall in der Welt kommunizieren kann.« Und zur Frage der Négritude, die Afrikas Kunst und Literatur in der Frühphase der Entkolonialisierung zugrundelag, erklärte Soyinka, es handele sich um ein notwendiges Entwicklungsstadium, das undialektisch verallgemeinert worden sei und heute ein Hemmnis darstelle beim adäquaten Erfassen dessen, was die afrikanische Literatur zur Zukunft des Kontinents beitragen könne.

Wole Soyinka heißt mit vollem Namen Oluwole Akinwande Babatunde Oludeinde Isola und stammt nicht aus dem Busch, wie ein koloniales Vorurteil es will, sondern aus der Hochkultur der Yoruba, deren Religion dem auf Sklavenschiffen in die Neue Welt exportierten Voodoo-Kult zugrunde lag. Die Yoruba-Götter sind in Soyinkas Dramen und Romanen stets präsent, aber auch der Gegensatz von Anglophonie und Frankophonie, der das postkoloniale Afrika bis heute prägt. Auf der einen Seite ein aus Frankreich importiertes Bildungs- und Erziehungssystem, dessen Stärken und Schwächen der senegalesische Dichter-Präsident Léopold Senghor, Vordenker der Négritude, wie kein anderer in seiner

Person verkörperte; auf der anderen Seite angelsächsischer Pragmatismus, der zwar weniger kulturellen Glamour, dafür aber funktionierende Instutionen wie Presse, Parlament und Justiz hervorbracht hat; der auf einer Verschmelzung der Rassen und Klassen basierende *light colonialism* portugiesischer Prägung bleibt hierbei unberücksichtigt.

»Négritude ist der gesamte Komplex aller kulturellen Werte, welche die negroafrikanische Welt auszeichnen. Diese sind wesentlich durch intuitives Verstehen geprägt, durch den Mythos, womit ich archetypische Bilder der kollektiven Seele meine, und durch Rhythmen, die mit denen des Universums synchron sind.« Noch kürzer hat der Autor dieser Zeilen, Léopold Sédar Senghor, Ehrenmitglied der Académie Française und Friedenspreisträger des Deutschen Buchhandels, denselben Sachverhalt an anderer Stelle zusammengefaßt: »Ich tanze, also bin ich!«

Widerspruch gegen diese idyllische Sicht Afrikas kam nicht nur aus anglophonen Ländern, wo Senghors romantischer Essentialismus auf wenig Gegenliebe stieß, sondern auch aus dem Senegal. Hier ist an erster Stelle Sembène Ousmane zu nennen, der mit *Le docker noir* (Der schwarze Dockarbeiter, 1956) den ersten »proletarischen« Roman Afrikas schrieb und sich in Moskau zum Filmregisseur ausbilden ließ: Eine programmatische Entscheidung, weil der bekennende Marxist Ousmane Sembène, anders als der mit einer Französin verheiratete Senghor, über dieses Medium die analphabetischen Massen zu erreichen hoffte. Als ich ihn in Dakar besuchen wollte, ließ Sembène Ousmane mich stundenlang warten, was ich als Unhöflichkeit oder umgekehrten Rassismus mißverstand, ohne zu bedenken, daß Zeitangaben in Afrika nur unverbindliche Absichtserklärungen sind. Später bedankte Ousmane sich überschwenglich bei mir in der irrigen Annahme, ich hätte ihm einen deutschen Stahlhelm beschafft, den er für Dreharbeiten zu einem Film über den Aufstand senegalesischer Soldaten gegen das Vichy-Regime benötigte. Sembène Ousmane schrieb eine freundliche Danksagung in sein Buch *Le docker noir*, das er seiner analphabetischen Mutter gewidmet hat mit der Bemerkung, sie könne es zwar nicht lesen, aber doch mit den Fingern durchblättern.

Das kulturelle Mißverständnis wiederholte sich in Abidjan, der Hauptstadt der Elfenbeinküste, wo Jean-Marie Adiaffi mich zum Essen einlud. In seinem vielbeachteten Roman *Carte d'identité* (Der Personalausweis, 1980) hatte Adiaffi das Scheitern der Entkolonisierung beklagt und festgestellt, Afrikas Unabhängigkeit stehe nur noch auf dem Papier. Durch Erfahrung gewitzt, kam ich eine Stunde zu spät, aber immer noch drei Stunden zu früh: So lange dauerte es, bis die Ziege, die mir zu Ehren aufgetischt wurde, geschlachtet und am Spieß gebraten war. Als endlich das Essen serviert wurde, hatte ich soviel Palmwein getrunken, daß ich keinen Bissen mehr herunter bekam. Ich erwähne dies, weil das Sein das Bewußtsein bestimmt und afrikanische Literatur verständlicher wird, wenn man die Lebenswelt der Schriftsteller berücksichtigt. Dazu gehört, daß Dambudzo Marechera, ein junger Autor aus Zimbabwe, nach der Landung am Flughafen Tegel wie ein Asylbewerber behandelt wurde, dessen Aussage, er komme zu einer Lesung nach Berlin, allgemeine Heiterkeit auslöste. Als er den Beamten sein bei Suhrkamp erschienenes Buch vorlegte, meinten diese, das beweise nichts, da auf dem Umschlag kein Foto des Autors abgebildet sei, und als er sich während der Lesung über den Vorfall beklagte, drehte man ihm den Ton ab mit der Begründung, das habe mit Literatur nichts zu tun. Dambudzo Marechera, den Doris Lessing als wichtigste Stimme des neuen Afrika bezeichnet hat, ging bald nach seiner Rückkehr an Drogen und Alkohol zugrunde.

Der somalische Romancier Nuruddin Farah, Träger des angesehenen *Neustadt Award* und aussichtsreicher Anwärter auf den Nobelpreis, weiß ein Lied zu singen von der Diskriminierung, der afrikanische Schriftsteller nicht bloß in ihrer Heimat, sondern auch auf Reisen durch Europa und Nordamerika ausgesetzt sind. Am Flughafen von Kapstadt, wo er seit Jahren lebt, hielt ein Zollbeamter seinen Paß prüfend ins Licht und rieb mit Spucke an der Unterschrift, weil er nicht glaubte, daß Farah die Bücher, die er bei sich trug, selbst geschrieben habe. Der Beamte wollte einen Gewerbeschein sehen, aus dem hervorging, daß er Schriftsteller sei, denn, so vermutete er mit Recht, in Somalia gebe es viele Leute namens Nuruddin. Erst als dieser ihm Rückflugticket und Kreditkarten vorgelegt hatte, durfte er einreisen. In Amsterdam wurde Farah vorübergehend festgenommen, als er zufällig in eine Demonstration gegen den Abriß des alten Bahnhofsviertels geriet, und in Frankfurt machte er mit Polizeiknüppeln Bekanntschaft, als er gegen die Anwesenheit von Apartheidsbefürwortern auf der Buchmesse protestierte. Anfang der 70er Jahre wies man ihn aus der Sowjetunion aus, wo er einen Essay über Dostojewski schreiben wollte und heimlich Solschenizyn zu treffen versuchte, und schon nach Erscheinen seines ersten Buches mußte er Somalia verlassen, dessen Diktator Siad Barre ihn in Abwesenheit zum Tode verurteilen ließ. Dabei ist Nuruddin Farah kein politischer Heißsporn, sondern ein höflicher Gentleman und *poeta doctus,* der außer somalisch, arabisch und amharisch fließend englisch und italienisch spricht; schon als Kind wurde er dem Kaiser von Äthiopien, Haile Selassie, vorgestellt, weil er den Koran von Anfang bis Ende auswendig hersagen konnte, was ihm den Ehrentitel *Haafizul Qu'ran* eintrug.

Seine Landsleute in der somalischen Diaspora, die vor dem politischen Chaos in ihrer Heimat nach Europa oder Nordamerika flohen, sind nicht gut auf ihn zu sprechen, weil

Nuruddin Farah sie für den Zerfall des Zentralstaats nach Siad Barres Sturz verantwortlich macht: Sein mit dem *LETTRE*-Reportagepreis ausgezeichnetes Buch *Yesterday Tomorrow*, das auf Interviews mit somalischen Flüchtlingen basiert, ist eine zornige Anklage gegen das Clan-System und die hemmungslose Selbstbereicherung der Eliten, die das Land zugrundegerichtet haben.

Am Schluß dieser Überlegungen steht nicht der in Australien lebende Literaturnobelpreisträger J. M. Coetzee, der Afrika mit europäischem Blick betrachtet, sondern der kürzlich verstorbene Ahmadou Kourouma, der eindringlicher als andere Autoren das wachsende Elend und um sich greifende Chaos des schwarzen Kontinents evoziert. Kourouma mußte in jungen Jahren sein Geburtsland Elfenbeinküste verlassen, um als französischer Soldat in Indochina zu kämpfen, und machte früh Bekanntschaft mit politischer Verfolgung und Exil, weil er die Kolonialherrschaft ebenso rücksichtslos kritisierte wie die aus ihr hervorgegangenen korrupten Regimes. In seinem vielfach ausgezeichneten Roman *Allah muß nicht gerecht sein* schildert er das Schicksal eines von der Elfenbeinküste stammenden Kindersoldaten im heutigen Liberia, dessen Bevölkerung von miteinander rivalisierenden Warlords aus ihren Dörfern vertrieben oder massakriert wird, wobei Opfer und Täter häufig miteinander identisch sind: Minderjährige Jungen und Mädchen, die die Ermordung ihrer Eltern mitansehen müssen und anschließend sexuell versklavt und zum Kriegsdienst gezwungen werden. Daß dieses erschütternde Buch nicht auf bloßer Fiktion, sondern auf Gesprächen mit Überlebenden und Betroffenen beruht, versteht sich von selbst.

DICHTER UND DIKTATOREN

»Wenn das Volk die Demokratie nicht will,
stoßen wir sie ihm mit dem Bajonett in den Hals!«

(General Figuereido, brasilianischer Militärmachthaber)

Borges und ich

Ein Brief aus Buenos Aires

Wenn es stimmt, daß der Mensch ist, was er ißt, dann sind die Deutschen Schweine, die Engländer Schafe und die Argentinier Rindviecher. Bekanntlich sind Beefsteaks, die hierzulande *lomo* oder *asado* heißen, das argentinische Nationalgericht, und ganz Argentinien hat die Form eines sich nach unten verjüngenden T-Bone-Steaks, das im Präkambrium vom Äquator zur Antarktis abgedriftet ist. Die *Porteños* – so nennen sich die Einwohner der Hauptstadt Buenos Aires – sind so stolz auf die Qualität ihres Rindfleischs, daß sie nicht nur auf die andernorts üblichen Hormone und Anabolika, sondern auch auf Gewürze und Beilagen verzichten: Wie einst der *Tyrannosaurus Rex*, ernährt sich der Argentinier von rohem Fleisch. Betreten Sie eine Churrasquería, lieber Leser, in Boca, Santelmo oder einem anderen populären Viertel von Buenos Aires, und Sie wissen, wovon ich rede. Jeden Morgen früh um fünf werden Tausende brüllender Rinder, die keine Zeit hatten, Fett anzusetzen auf den Weideflächen der Pampas, durch ein Labyrinth von Laufgattern getrieben, auf Lastwagen verladen und meistbietend versteigert auf den Viehmärkten von Buenos Aires, um mittags in der Pfanne zu schmoren als *Baby Beef* oder *Tira de Asado*, je nach Geschmack *jugoso* (saftig) oder *bien cocido* (gut durchgebraten). Selbst Vegetarier, denen sich der Magen umdreht bei dieser Vorstellung, können sich dem aus Küchen und Kantinen hervorquellenden Bratenduft nicht entziehen, und in den Cafés und Restaurants polken Porteñas und Porteños auf der Suche nach Fleischresten mit Zahnstochern in ihren Mündern herum.

Das Beefsteak ist die Quintessenz des argentinischen *Way of Life*, und der Straßenverkehr von Buenos Aires erinnert an einen Stierkampf, bei dem eine Herde wutschnaubender Bullen, ohne nach rechts und links zu schauen, auf eine rote Ampel losstürmt.

»Das Autofahren in Buenos Aires,« sagte mir eine deutsche Freundin nach meiner Ankunft in der Zehnmillionenstadt, »ist eine innerargentinische Angelegenheit, in die ich mich nicht einmische. Es gibt nur zwei Verkehrsregeln, die jeder Verkehrsteilnehmer zu beachten hat: Autofahrer haben Vorfahrt vor Fußgängern, und Männer haben Vorfahrt vor Frauen!«

Damit bin ich bei dem angelangt, was ein scharfsinniger Beobachter des Lebens am Rio de la Plata, der polnische Romancier Witold Gombrowicz, als Drama des lateinamerikanischen Mannes bezeichnet hat. Jeder Macho aus Buenos Aires hält sich für unwiderstehlich, weil die Stadt die größten Formel-Eins-Rennfahrer, Fußballer und Tangosänger der Welt hervorgebracht hat. Dabei beruht seine Identifikation mit Manuel Fangio, Diego Maradona und Carlos Gardel auf einem tragischen Mißverständnis, denn die Porteños sind die schlechtesten Autofahrer und die brutalsten Fußballspieler der Welt, und mit ihrer Männlichkeit ist es auch nicht weit her: Sie sind eitel wie Mannequins, lassen sich in Herrensalons schminken, pudern und parfümieren, und im letzten Krieg, den ihre Armee überflüssigerweise vom Zaun brach, wurden sie von einer Frau besiegt. Das Tragischste an der argentinischen Geschichte aber ist, daß sie sich an einer entlegenen Inselgruppe festmacht, deren Umrisse jedes Schulkind an die Tafel zeichnen kann, obwohl kein einziger Argentinier auf den von walisischen Schafzüchtern bewohnten Inseln lebt. Und selbst wenn die Falklands oder Malvinas, wie sie hierzulande heißen, wieder Argentinien zugesprochen würden, würde sich kein Porteño freiwillig auf einem der windzerzausten Eilande niederlassen, wo es zwar Schafe, aber nicht einen Baum gibt: Mit der Besiedlung von Patagonien hat die Regierung schon genug zu tun. Hier zeigt sich eine Don Quijotesche Suche nach der nationalen Identität, die sich ähnlich in der Melancholie des Tango oder in der Lagerfeuer-Romantik der Gauchos ausdrückt, über die sich Borges mokiert hat mit dem Satz, eine argentinische Identität gebe es nicht. Und um seine Landsleute zu ärgern, schlug er vor, die Malvinas an Bolivien abzutreten, damit dieses seit dem Salpeterkrieg (1879–1883) von der Küste abgeschnittene Binnenland wieder einen Zugang zum Meer erhält.

Das Drama der argentinischen Identität besteht darin, daß die Argentinier keine Südamerikaner sein wollen und voller Verachtung auf ihre brasilianischen und peruanischen Nachbarn herabblicken, die sich mit den Nachfahren von Indios und Afrikanern vermischt haben. Die Argentinier wollen Europäer sein, genauer gesagt: Sie wollen europäischer sein als die Europäer – Borges selbst ist das beste Beispiel dafür und löst diesen Anspruch durch seine literarische Einschüchterungsstrategie noch am ehesten ein. Als ich ihm im Herbst 1967 beim *International Writer's Workshop* der University of Iowa vorgestellt wurde, sprach er mich zuerst auf altnordisch und dann auf altsächsisch an; da ich nichts verstand, zeigte Borges sich enttäuscht über meinen Mangel an europäischer Kultur. Ich wollte wissen, was er als Argentinier über seinen Landsmann Che Guevara dachte, der kurz zuvor in einer bolivianischen Dorfschule von Söldnern des CIA ermordet worden war. Borges tat so, als habe er den Namen Che Guevara noch nie gehört: »Wer ist das?« Auf mein wiederholtes Fragen hin sagte er schließlich: »Dieser Mensch wäre besser nie geboren worden« – eine Antwort, die mich so vor den Kopf stieß, daß ich zehn Jahre lang seine Bücher nicht mehr las. Mitte der achtziger Jahre begegnete ich ihm noch einmal, auf einem Schriftstellerkongreß in Venedig. Wir fuhren zusammen im selben Aufzug, und Borges, der damals schon blind war, betastete den Busen seiner Begleiterin, die mich mit stummem Augenaufschlag bat, meine Anwesenheit nicht zu verraten. Es war Maria Kodama, Borges' zweite Frau. Einige Jahre zuvor hatte der greise Dichter General Pinochet zu seinem gelungenen Putsch gratuliert und die argentinischen Militärs als Retter des Vaterlands begrüßt, weshalb er, trotz seines späteren Widerrufs, den Nobelpreis nicht bekam.

Die Mütter und Großmütter, die sich jeden Donnerstag im Zentrum von Buenos Aires versammeln, um an das Schicksal ihrer zu Tode gefolterten oder von Militärs zwangsadoptierten Kinder und Enkel zu erinnern, sind heute eine Touristenattraktion: Sie gehören genauso zur Plaza de Mayo wie das von Tauben umflatterte Monument der nationalen Unabhängigkeit. Vor der Casa Rosada, dem nahgelegenen Regierungssitz, erinnern Indios aus den Andenstädten Salta und Jujuy mit Fahnen und Transparenten an eine historische Tragödie, die fast schon in Vergessenheit geraten ist: Das Massaker an den indianischen Ureinwohnern, die im 19. Jahrhundert durch Vernichtungsfeldzüge der Armee systematisch ausgerottet wurden. Vorausgegangen war die Eliminierung der Nachkommen aus Afrika verschleppter Sklaven, die in Kriegen gegen die Nachbarstaaten Bolivien und Paraguay als Kanonenfutter verheizt wurden: Buenos Aires, noch im 19. Jahrhundert ein wichtiger Umschlagplatz des Sklavenhandels, ist seitdem »negerfrei«.

Es gibt kaum ein Land der Welt, in dem klerikal-faschistische und militaristische Traditionen so ungebrochen weiterleben wie in Argentinien, sofern man bei dem Wort Faschismus nicht an Hitler, sondern an Mussolini, Franco und Salazar denkt. Deren gelehrigster Schüler, Juan Domingo Perón, hat seine europäischen Vorbilder überlebt, denn

Peróns Gedächtnis wird in Argentinien von Rechten *und* Linken bis heute hochgehalten. Das Grab von Evita Perón auf dem Recoleta-Friedhof von Buenos Aires ist ein Wallfahrtsort, zu dem die Mühseligen und Beladenen in Scharen pilgern. Vor ihrer letzten Ruhestätte gehen die Besucher in die Knie, um Evitas Bronzemedaillon zu küssen – viele haben Tränen in den Augen; ein argentinischer Gentleman, der wie Carlos Gardel aussieht, legt rote Rosen auf den schwarzen Marmorsarkophag, während eine mit Schmuck und Schminke überladene Dame aus der besseren Gesellschaft flüsternd von den Wundern berichtet, welche die tote Evita aus dem Grab heraus vollbringt. Sie starb am 26. Juli 1952, dem Tag, an dem Castros Partisanen die Moncada-Kaserne in Santiago de Cuba zu erstürmen versuchten – seitdem ist in Argentinien wie auf Kuba immer der 26.: »¡Siempre es el 26!«

Katholische Märtyrer- und Marienverehrung sowie faschistischer und kommunistischer Personenkult gehen in Lateinamerika eine unauflösliche Verbindung ein: Das Foto des auf dem Tisch einer bolivianischen Dorfschule aufgebahrten Leichnams von Che Guevara, aus zahlreichen Wunden blutend, erinnerte an die Grablegung Christi; und die zur Identifizierung nach Buenos Aires geschickten Hände des Toten gelangten auf Umwegen nach Havanna und wurden dort als Reliquien im Pantheon der Revolution ausgestellt. Perón erging es nicht viel besser: Als unbekannte Täter seinen Sarg aufbrachen, herrschte in Buenos Aires größere Aufregung als nach dem Bombenanschlag auf die israelische Botschaft, der Dutzende Menschenleben forderte. Dabei hatten die Terroristen nicht den toten Perón, sondern nur dessen Hände entführt und als Geiseln genommen; seitdem wird Evitas einbalsamierte Leiche durch eine Betonplatte vor Grabschändern geschützt.

Die Überwindung des peronistischen Erbes gelang weder dem neunmalklugen Borges, noch dem tollkühnen Che Guevara, sondern einem vulgären Emporkömmling, der wie eine billige Elvis-Imitation aussah und, um Staatspräsident zu werden, vom Islam zum Katholizismus übertrat. Carlos Menem war der Diego Maradona der argentinischen Politik, in der er hauptsächlich durch Drogen- und Sexskandale von sich reden machte, was seiner Popularität, wie der Maradonas, keinerlei Abbruch tat. Unter Berufung auf Perón hat Menem den peronistischen Gewerkschaften *und* den Militärs den Boden unter den Füßen entzogen, indem er die Juwelen der Großmutter verkaufte, wie man hierzulande sagt: Alles, was in Argentinien nicht niet- und nagelfest war, einschließlich der Liegenschaften der Militärs, kam zu Schleuderpreisen unter den Hammer, um durch Verkauf des Staatsbesitzes die marode Wirtschaft zu sanieren. *Enrichissez-vous!* hieß die alte und neue Devise, und die Korruption war nicht länger eine Abweichung von der Norm, sondern die Norm, wie schon Max Weber wußte: Kein Wunder, daß der auf der Parität von Dollar und Peso basierende Wirtschaftsboom auf tönernen Füßen stand und mit großem Getöse in sich zusammenbrach.

Die Verlierer von Menems kapitalistischer Revolution waren die, die schon immer auf der Verliererseite standen, Leute wie der Schriftsteller Osvaldo Bayer, der den nach Patagonien verbannten Anarchisten und Sozialisten in seinem Buch *Patagonia Rebelde* ein literarisches Denkmal setzte, bevor er vor dem Militärregime nach Berlin floh. Auch während eines Staatsbesuchs in Kuba, wo er öffentlich der Focus-Theorie von Che Guevara widersprach, derzufolge sechs Guerilleros automatisch zu sechzig, und diese wiederum zu 600, 6000 usw. werden, und Ches Zahlenmystik mit dem Hinweis auf die Stärke der argentinischen Armee konterte, machte sich Bayer nicht sonderlich beliebt: »Das ist ein typisch kleinbürgerliches Argument!«, rief Che Guevara unter dem Beifall der argentinischen Delegierten, und Osvaldo Bayer wurde beim Verlassen des Saals verhaftet, weil er die Handtasche seiner Begleiterin nicht nach Waffen durchsucht hatte, mit denen diese Che hätte ermorden können. Als er zu seiner Verteidigung geltend machte, der Schutz ihrer Kommandeure sei Aufgabe der kubanischen Armee, sagte der das Verhör leitende Offizier: »Das ist ein typisch kleinbürgerliches Argument,« und Osvaldo Bayer wurde zur *persona non grata* erklärt und aus Kuba ausgewiesen. Das war 1960, im Jahr *eins* der Revolution, und seitdem hat Osvaldo Bayer nicht wieder kubanischen Boden betreten.

P.S.: Einem hartnäckigen Gerücht zufolge wird der tote Borges noch immer in den Wählerlisten von Buenos Aires geführt.

Der dicke Dichter und der dünne General

Ich habe die Gedichte von Pablo Neruda nie besonders gemocht. Nicht nur, weil er Verse geschrieben hat wie: »Stalin ist der hohe Mittag, des Menschen und der Völker Reife« (aus: *Die Trauben und der Wind,* Nachdichtung Erich Arendt) – so etwas entsprach unter linken Intellektuellen Anfang der fünfziger Jahre nicht bloß dem Zeitgeist, sondern gehörte fast zum guten Ton. Eher schon wegen seines Verständnisses von Poesie, das sich in Wortreihungen äußert wie: »El amor, la claridad, la justicia, la alegría y la paz, es decir, la poesía« (*Rede in Caracas,* 1959). Hier drückt sich nicht allein ein Mangel an Logik aus, die von einem Dichter eh nicht zu erwarten ist. Gegensätze wie Liebe und Kampf, Frieden und Krieg, Land und Meer sind in Nerudas poetischem Universum beliebig austauschbar – Hauptsache, die bedeutungsträchtige Aura der Wörter stimmt. Anders als etwa in den Metamorphosen des Ovid ist es kein erotisches Begehren, das Pflanzen und Tiere, Menschen und Dinge mit göttlichem Hauch beseelt und belebte wie unbelebte Natur in einer kosmischen Orgie miteinander paart. Es ist die Willkür des Subjekts, die Natur und Geschichte zu einem poetischen Potpourri vermengt, einem bunten Metaphernsalat, in dem alles mit jedem identisch ist. Nerudas Lyrik versucht nicht, durch Verfremdung der Dinge die Entfremdung des Menschen sichtbar zu machen, sondern beruht auf dem Wiedererkennen des bereits Bekannten, das nicht in Frage gestellt, sondern affirmiert werden soll: Falsche Unmittelbarkeit, preziöser Kitsch, der dadurch, daß er von den Antipoden kommt, nicht besser wird. Was Rezensenten an den Romanen von Isabel Allende rügten, die Stereotypie eines Lateinamerikabildes, das exotistische Klischees bestätigt, statt diese literarisch zu hinterfragen, läßt sich auch auf Neruda übertragen, den Homer im Parteiauftrag, dessen klischiertes Bild von Chile und Südamerika die Erwartungen eines linken, überwiegend europäischen Publikums bedient.

Was der russische Dichter Joseph Brodsky Brecht vorgehalten hat, daß dieser die Wahrheit über Stalin gekannt, aber nicht beim Namen genannt habe, gilt für Neruda in noch größerem Maße: Während Brechts Werk versteckte Hinweise auf die Wahrheit enthält oder diese durch Anspielungen sichtbar macht (wie in der Aufforderung an die Regierung der DDR, sich ein anderes Volk zu wählen), sucht man solche Sakrilegien bei Neruda vergeblich. Statt dessen entblödete er sich nicht, Klassiker der Moderne wie Kafka und T. S. Eliot als reaktionär und dekadent zu denunzieren: »Wenn die Hyänen schreiben könnten, schrieben sie wie Kafka und T. S. Eliot«. Auch von den französischen Surrealisten, denen Nerudas Poesie entscheidende Anregungen verdankt, hat dieser sich im Parteiauftrag distanziert: »Kommunist zu sein, hieß für Paul Eluard, mit seiner Lyrik und seinem Leben einzustehen für die Werte des Humanismus und der Humanität. Er verlor sich nicht im Irrationalismus der Surrealisten, weil er kein Nachäffer, sondern ein Schöpfer war, der über den Kadaver des Surrealismus hinweg Blitzstrahlen wacher Intelligenz schleuderte« (*Zum Tode von Paul Eluard*, 1952). Nerudas Poesie ist, wie das Haus des Dichters in Isla Negra, bis zum Bersten gefüllt mit Kuriositäten und Souvenirs, die er von seinen Reisen mitbrachte oder von Freunden und Verehrern seiner Kunst (unter ihnen auch Mao Tse-tung) geschenkt bekam: Muscheln, Schnecken und Korallen, farbige Flaschen und Gläser, alte Whisky-Reklamen, buntbemalte Galionsfiguren, Renaissance-Skulpturen und Barock-Engel, heraldische Gobelins, Globusse, Kompasse, Atlanten und Astrolabien, Steuerräder und Schiffsplanken, Holzmasken und Fetische aus Afrika, Asien und Ozeanien, Mützen, Hüte und fremdländische Trachten, in denen er, als Barmann oder Butler kostümiert, seinen Gästen aufzuwarten pflegte. Das Haus in Isla Negra hat die Form eines gestrandeten Wals oder eines an Land angedockten Schiffs, auf dem Neruda, der nicht schwimmen konnte und sich nur selten aufs Meer hinauswagte, sich als Freizeitkapitän betätigte und durch ein im Schlafzimmer installiertes Teleskop auf den Wellen schaukelnde Boote und badende Frauen in Bikinis in Augenschein nahm. Den kindlichen Spieltrieb, gekoppelt mit einem Hang zum Luxus und schlichtem Größenwahn – Neruda hißte morgens eine Fahne und läutete die Schiffsglocke, um seinen Nachbarn mitzuteilen, daß er gut geschlafen habe –, hatte er mit einem Dichter gemein, der sich ebenfalls ein im Garten aufgebocktes Schiff zum Domizil erkor, politisch aber auf der anderen Seite der Barrikade stand: Gabriele D'Annunzio empfand eine ähnliche Haßliebe zum italienischen Faschismus wie Pablo Neruda zu Chiles Kommunistischer Partei, von der er sich sein Haus in Isla Negra finanzieren ließ. Die Mitgliedschaft in der KP, die viele seiner Landsleute mit dem Leben bezahlten, wurde für Neruda zum einträglichen Geschäft: Nicht die Partei hat den Dichter, sondern der Dichter hat die Partei ausgebeutet, die seine Werke weltweit in hohen Auflagen verbreitete und zur Pflichtlektüre für klassenbewußte Proletarier erklärte. Neruda war, ähnlich wie D'Annunzio, ein Aufsteiger aus der Mittelklasse, Bajazzo und Hochstapler, der sich revolutionär gebärdete, in großbürgerlichen Salons mit seiner Nähe zu Bauern und Arbeitern prahlte und an den kalten Büffets der von Moskau gesteuerten Friedensbewegungen heroische Schlachten schlug – vielleicht kommt daher die Rede vom »Kalten Krieg«. Zugleich war Neruda wie D'Annunzio ein genialer Schriftsteller: seine Lyrik hat Stil, auch wenn es oft nur der billige Zauber einer Postkarte ist mit Brot und Wein, Zwiebel und

Salz, Strand und Meer. Im deutschen Sprachraum hätte man seine Poesie als Blut-und-Boden-Literatur abqualifiziert, aber aus Chile kommend, wo sie sich mit dem Kampf eines unterdrückten Volkes verband, erhielt sie, in den Augen europäischer Revolutionsromantiker, die sakralen Weihen der Kunst.

Die höhere Beglaubigung verlieh ihm nicht allein der Nobelpreis, den Neruda (als zweiter Chilene nach der Dichterin Gabriela Mistral) 1971 erhielt, sondern ein finster dreinblickender Offizier, der einen demokratisch gewählten Präsidenten stürzte und sich nach seiner Abwahl zum Senator auf Lebenszeit ernennen ließ: Augusto Pinochet Duarte. Der schmallippige, schnurrbärtige General, der seine Augen hinter dunkel getönten Gläsern verbarg, war in jeder Hinsicht das Gegenteil des hedonistischen, kosmopolitischen Dichters, dessen Haus in Isla Negra er von Soldaten durchsuchen ließ: Engstirnig und spießbürgerlich, verkörperte er die Phantasielosigkeit in Person, die ihre Ressentiments durch brutale Gewalt kompensiert, das Land gespalten und eine bis heute nicht getrocknete Blutspur durch Chile gezogen hat. Sein unfreiwilliger Rücktritt als Armeechef, der hinter den Kulissen der Politik weiter die Fäden zog, hat kaum etwas zur Befriedung der durch den Putsch traumatisierten chilenischen Gesellschaft beigetragen. Nur die wenigsten der für Folter, Vergewaltigungen und das spurlose Verschwinden Tausender verantwortlichen Militärs wurden vor Gericht gestellt und mit symbolisch milden Strafen für ihre Taten zur Verantwortung gezogen, und weder der Erfolg der unter Pinochet eingeleiteten Wirtschaftsreform, noch die Siege des Tennisidols »Chino« Rios haben Chiles verwundete Volksseele zu heilen vermocht.

Rückblickend vom Ende des Jahrhunderts aber fügen sich die Antipoden Neruda und Pinochet die einander zu Lebzeiten als Todfeinde gegenüberstanden, zu *einem* Bild zusammen. Der General mit der Sonnenbrille verkörpert die Nachtseite der von mediterranem Licht durchfluteten Poesie Pablo Nerudas, aus der der Tod solange ausgesperrt blieb, bis er den Dichter in Isla Negra ereilte: Kein Opfer des Putsches, wie manchmal behauptet wird, sondern von Prostatakrebs.

Pinochet ist von seinen linken Gegnern sträflich unterschätzt und außerhalb Chiles kaum zur Kenntnis genommen worden: ein ehrgeiziger Offizier des Heeres, das nicht wie Marine und Luftwaffe zur traditionellen Elite gehörte, aus kleinbürgerlichem Milieu stammend, der viel las, am liebsten militärtheoretische Schriften, und Bücher von demselben Antiquar in Montevideo bezog, bei dem auch Neruda Literatur orderte. Clausewitz und der chinesische Feldherr Sun Tzu, Vorbild für Mao Tse-tungs Strategie des Guerilla-Krieges, gehören zu den Lieblingsautoren von Augusto Pinochet, der ein Buch über Geopolitik veröffentlichte und alle Planspiele an der Militärakademie gewann, bevor er im September 1973 seinen gut vorbereiteten Coup inszenierte und Tausende von Anhängern des sozialistischen Präsidenten, einschließlich diesem selbst, aus dem Weg räumen ließ. Salvador Allende hatte Pinochet blind vertraut und den als loyal geltenden Offizier zum Oberbefehlshaber der Streitkräfte ernannt, nachdem dieser einen Putschversuch von Teilen der Armee blutig niedergeschlagen hatte. Wie machiavellistisch Pinochet um den Erhalt der Macht stritt, zeigt die Tatsache, daß er seinen Vorgänger und früheren Vorgesetzten, General Prats, mitsamt dessen Ehefrau in Buenos Aires von einer Autobombe zerfetzen ließ, und daß er im Falklandkrieg gegen Argentinien Partei ergriff und aus der lateinamerikanischen Solidarität ausscherte, indem er britische Kriegsschiffe chilenische Häfen anlaufen ließ. Über die Jahre mauserte er sich vom obskuren Aufsteiger zum jovialen Landesvater, der sich gerne mit Waisenkindern fotografieren ließ, und zum Lebemann, der seinen Whisky mit aus der Antarktis eingeflogenem Gletschereis kühlte.

Nach dem Putsch hatten internationale Beobachter Pinochet eine Übergangszeit von ein, zwei Jahren zugestanden, um die Dreckarbeit zu erledigen für die von multinationalen Konzernen ausgehaltene chilenische Bourgeoisie. Aber niemand hätte gedacht, daß dieser gesichtslose General 25 Jahre lang Chiles Geschicke lenken und als einer der bestgehaßten, aber erfolgreichsten Staatsmänner Lateinamerikas in die Geschichte eingehen würde, während der charismatische Präsident Allende nach seinem gewaltsamen Tod rasch in Vergessenheit geriet. Bevor er ihn zum Heereschef berief, hatte Salvador Allende Pinochet zum persönlichen Adjutanten (*Aide-de-Camp*) von Fidel Castro ernannt, der 1971 als erstes Land Südamerikas Chile besuchte und damit Kubas diplomatische Isolierung durchbrach. Als Abschiedsgeschenk überreichte Castro General Pinochet seine Pistole: Kein Königsdrama von Shakespeare, sondern eine lateinamerikanische *telenovela*, die das Leben schrieb.

Wo die Mittagssonne im Norden steht

Mit Bruce Chatwin in Patagonien und Feuerland

»Chile ist zu lang, zu schmal und viel zu weit weg. Wir sollten es gegen etwas Kleineres eintauschen, näher an Paris!«

Jorge Edwards

Was empfand das südamerikanische Riesenfaultier, als es am Ende der letzten Eiszeit aus seiner warmen Höhle ins Freie kroch? Nichts, denn das *Mylodon robustum* war Teil der es umgebenden Natur, nicht deren kritischer Beobachter. Und als es sich in der Höhle zum Sterben niederlegte, ahnte es nicht, daß sein mumifizierter Kadaver zehntausend Jahre später von patagonischen Viehhirten, die in Chile nicht Gauchos, sondern Criollos heißen, entdeckt und abgehäutet werden würde. Damals sah ein schwedischer Reisender das vollständig erhaltene Fell eines vor Jahrtausenden ausgestorbenen Riesenfaultiers, zum Trocknen aufgespannt, an einer Weidekoppel hängen. Die mit Knochenplättchen und Borsten bedeckte rosa Haut wurde in Stücke zerschnitten und als Souvenir an Seeleute verkauft, die auf dem Weg durch die Magellanstraße in Punta Arenas anlegten, damals die südlichste Hafenstadt der Welt. Auf diese Weise gelangte ein Stück Mylodonhaut nach England, wo der junge Bruce Chatwin es in einer Glasvitrine verstauben sah, zusammen mit anderen Kuriositäten aus dem Nachlaß seines Großonkels, der als Kapitän die Welt umschifft hatte. Die Geschichte dieses Vorfahren – und das Fell des Riesenfaultiers, das Chatwins Mutter für einen Brontosaurus hielt – inspirierte ihn spater zu einer Fahrt nach Südpatagonien und Feuerland, deren Niederschrift den Autor zum erfolgreichsten Reiseschriftsteller der Gegenwart werden ließ: Neben den durch Australien führenden *Traumpfaden* ist *In Patagonien* noch immer Bruce Chatwins meistgelesenes Buch.

Die von einem Gletscherfluß ausgewaschene Höhle liegt am Eingang zu Südchiles Nationalpark *Torres del Paine*, und in dem dazugehörigen Museum wird ein Fetzen Faultierfell gezeigt, das an eine borstige Speckschwarte erinnert. Die weiträumige Höhle hat die Form einer unterirdischen Kathedrale, über deren Wände Schmelzwasser rieselt; von der Dekke wachsen Moosbärte und Stalagmiten herab – oder muß es Stalagtiten heißen? – zwischen denen, mit den Köpfen nach unten, Trauben von Fledermäusen hängen. Der Boden ist mit Fledermauskot bedeckt, über einer gefrorenen Geröllschicht, in der das ausgestorbene Riesenfaultier eingebettet lag. Das Mylodon hatte keine Ahnung, daß seine von der Kälte konservierte Haut eine wissenschaftliche Kontroverse *und* eine Revolution der Reiseliteratur bewirken würde; genauso wenig dämmerte es dem zentnerschweren Tier, daß es sich am Ende der Welt befand, als es aus der Höhle ins Freie trat und seinen Blick über das weite Tal schweifen ließ, das noch heute urzeitlich wirkt.

Obwohl oder weil es sich dabei eher um eine Metapher handelt als um einen exakten Begriff, hat die Idee vom Ende der Welt seit jeher Künstler und Literaten fasziniert – bis hin zu dem deutschen Dichter Raoul Schrott, dessen Roman *Finisterrae* das Motiv im Titel führt. »Die Rede vom Ende der Welt ist anthropozentrisch und eurozentrisch zugleich«, sagt Matthias Gorny, Meeresbiologe aus Bremen, der den Fischern von Punta Arenas im Auftrag des DAAD ökologisches Denken beizubringen versucht. »Dieser Diskurs macht nur Sinn, wenn man sich in Scott Base befindet, der US-Forschungsstation direkt am Südpol, wo es weiter südlich nichts mehr gibt. So besehen, ist Punta Arenas nicht das Ende, sondern nur der Anfang vom Ende, die südlichste Stadt der Welt – Ushuaia auf der argentinischen Seite des Beagle Kanals ist dagegen nur ein Dorf.« Und er zeigt auf die Magellanstraße, über der sich wie zur Begrüßung ein doppelter Regenbogen wölbt. Wir blicken von einem erhöhten Aussichtspunkt auf das Weichbild der Stadt, die mit ihren zum Meer abfallenden, bunten Holzhäusern an Valparaiso oder San Francisco erinnert – nur die tintenschwarzen Wolken passen nicht dazu, zwischen denen von Norden her die Sonne durchbricht, während eine Windbö uns mit eiskaltem Regen besprüht. Es ist weniger kühl, aber stürmischer hier als bei den Antipoden in Europa, wo in diesen Tagen der Frühling beginnt, und der ständige Wechsel von Wärme und Kälte, Regen und Sonnenschein ist charakteristisch für die Südspitze von Südamerika: »Wenn das Wetter dir nicht gefällt«, sagt der patagonische Volksmund, »warte fünf Minuten oder wechsle auf die andere Straßenseite!«

Am Ausgang der Meerenge ballen sich schwarze Wolken über der Insel Dawson, noch heute militärisches Sperrgebiet. Nach Pinochets Putsch im Herbst 1973 waren hier Minister der gestürzten Regierung interniert, zusammen mit Anhängern des sozialistischen Präsidenten Allende, von denen viele die Haft nicht überlebten. Punta Arenas ging aus einer 1843 gegründeten Strafkolonie hervor, deren meuternde Insassen mehr als einmal das aus Holz gebaute Fort niederbrannten, Warenlager plünderten und im Hafen liegende Schiffe enterten. Südpatagonien war damals ein rechtsfreier Raum; vor drohenden Strafexpeditionen setzten sich die Desperados über die nahgelegene Grenze nach Argentinien ab. Die Gesetzlosigkeit hörte erst auf, als sich die Magellanstraße nach Aufkommen der ersten Dampfer zum vielbefahrenen Seeweg wandelte. Zwar wurden gestrandete Schiffe noch immer von Dieben ausgeraubt, aber durch den Zuzug von

Kaufleuten und Handwerkern aus Deutschland und der Schweiz, Italien und Kroatien, das damals zu Österreich gehörte, entstand eine städtische Infrastruktur. Später kamen walisische Schafzüchter, argentinische Gauchos und Goldgräber aus aller Herren Länder hinzu. Schon 1906 wurde in Punta Arenas eine deutsche Schule gegründet, die heute noch existiert. »1898 wurden durch amtliche Zählung 190 Reichsdeutsche erfaßt«, meldete eine Broschüre zu deren 30jährigem Jubiläum: «Die Deutschen, meist Junggesellen, trafen sich in Kneipen und huldigten nach patagonischer Sitte starken Spirituosen. Bekanntester Treffpunkt war das Hotel *Kosmos,* das im Weltkrieg eine Kriegsverletzung erhielt: Das gefährliche deutsche K wurde durch das internationale C ersetzt.« Damals lieferte sich der Kreuzer *Dresden,* nach verlustreicher Seeschlacht bei den Falklandinseln, in den Kanälen der Magellanstraße ein Katz-und-Maus-Spiel mit seinen Verfolgern. Ein von Deutschen gestiftetes Monument auf dem Friedhof von Punta Arenas erinnert an das Schicksal der *Dresden,* die später vor der Robinsoninsel Juan Fernandez von einem britischen Geschwader versenkt wurde. Und weiter heißt es in der vom braunen Zeitgeist geprägten Broschüre: »Daß die nationalsozialistische Gedankenwelt Allgemeingut der ganzen Kolonie geworden ist, zeigt die Beteiligung aller Volksgenossen am Winterhilfswerk und an gemeinsamen Eintopfessen. Die Aufgabe, auch den letzten Deutschen innerlich ans Dritte Reich heranzuführen, ist vornehmstes Ziel der Ortsgruppe der NSDAP – Heil Hitler!«

»Gottseidank ist von diesem Geist nichts übriggeblieben«, sagt Jürgen Mattmann, der aus Deutschland stammende Schuldirektor, dem Punta Arenas längst zur zweiten Heimat geworden ist – nur die mit Silbermünzen bestickte Lodenjakke erinnert an seine Herkunft aus dem Schwarzwald. Die Mehrzahl der Schüler sind Chilenen, und trotz der Bundesadler auf ihren Schuluniformen sprechen die meisten nur gebrochen deutsch, das hier, am Ende der Welt, obligatorische Unterrichtssprache ist.

Auf der Südseite der Magellanstraße ragen die schroffen Felsen von Feuerland auf, das Darwin mit einem von Wind und Wellen zerfressenen, langsam im Meer versinkenden Bergmassiv verglich: »Nicht das Leben, der Tod schien sein Zepter über dieser öden Landschaft zu schwingen«, schrieb der britische Naturforscher, Edgar Allen Poe vorwegnehmend, beim ersten Landgang durch einen immergrünen Buchenwald, dessen vom Sturm gekrümmte, windzerzauste Bäume wie die Seelen der Verdammten in Dantes *Inferno* heulten und ächzten. Aber der desolate Anblick täuscht, denn das subarktische Feuerland war eine ökologische Nische, die wie ein tropisches Korallenriff eine erstaunliche Vielfalt von Lebensformen beherbergte: von Austern, Muscheln und Krebsen über Pinguine, Seelöwen und Wale bis hin zu Guanakos und Pumas, Albatrossen und Kondoren. Am Ende der Nahrungskette stand der Mensch, jene Land- und Wassernomaden, die nackt ins eiskalte Meer tauchten und auf ihren Booten stets ein Feuer unterhielten, das dem Land den Namen gab. Weil die Ureinwohner alle an sie gerichteten Fragen aus Höflichkeit mit *Ja* beantworteten, hielt Darwin sie für primitive Menschenfresser, doch in Wahrheit war ihre Lebensweise den extremen Umweltbedingungen optimal angepaßt. Erst das Abholzen der Wälder und die Einfuhr von Schafen und Rindern, Kaninchen und Bibern hat das fragile Gleichgewicht zerstört – ganz zu schweigen von Feuerwaffen und Feuerwasser, die, zusammen mit von Weißen eingeschleppten Krankheiten, die Ureinwohner dezimierten. Angela Luij, die letzte reinblütige Feuerländerin, starb 1975 im argentinischen Rio Grande. Die Bronzefigur des unbekannten Indio auf dem Friedhof von Punta Arenas dient heute als Wallfahrtsort, an dem Nachkommen der Ureinwohner

Opfergaben und Bittbriefe niederlegen im Glauben, von dem Grab gehe eine wundertätige Wirkung aus. Die spärlichen Relikte ihrer untergangenen Kultur sind im Museum der Kathedrale zu besichtigen: Einbäume, Fischernetze, Pfeil- und Speerspitzen, Harpunen, Gesangbücher und Evangelien in den Sprachen der Ona und Alcaluf, Selknam und Yaghan, neben Porträts der Salesianer-Missionare, die zum Christentum bekehrte Indios vor Übergriffen der Siedler schützten. »Es ist kein Geheimnis,« schrieb der Bischof von Punta Arenas, Monsignore Fagnano, 1899 in einer Kontroverse mit einem in Buenos Aires residierenden Großgrundbesitzer, der in Feuerland Weideflächen mit 80 000 Schafen besaß, »wer für das Aussterben der Ureinwohner verantwortlich ist. Unter dem Vorwand, sie hätten Schafe gestohlen, jagen Ihre Leute die Indianer wie Vieh und rotten sie mit vergiftetem Branntwein und infizierten Wolldecken aus. Hinterher tauchen die angeblich geraubten Herden unversehrt wieder auf.«

Jeder, der den großen Zeh der Magellan-Statue auf der Plaza de Armas küßt, kehrt nach Punta Arenas zurück, heißt es bei Bruce Chatwin, dessen Buch einen Besucher-Boom nach sich gezogen hat: Tausende von Rucksacktouristen pilgern jedes Jahr ans Ende der Welt, um die von Chatwin beschriebenen Sehenswürdigkeiten, Naturwunder und Kuriositäten zu bestaunen. Trotzdem oder gerade deshalb liegt *In Patagonien* in der örtlichen Buchhandlung nicht aus, und Heimatforscher wie Lokalpatrioten sind nicht gut auf den Briten zu sprechen, der Realität und Fiktion allzu unbekümmert vermengt, wie Nicholas Shakespeare in seiner Chatwin-Biographie zeigt. »Verlassen Sie die ausgetretenen Pfade, und besuchen Sie lieber den Teil von Patagonien, wo Bruce Chatwin *nicht* war«, sagt Stefan Weidmann, ein mit einer Chilenin verheirateter Deutscher, der im Grenzgebiet zu Argentinien Floßfahrten organisiert. Aisén ist solch eine Region. Die drittgrößte und zugleich bevölkerungsärmste Provinz Chiles ist durch geographische Barrieren vom Rest des Landes getrennt: Auf der Seeseite ein undurchdringliches Gewirr von Inseln, Kanälen und Fjorden, überragt von der Küstenkordillere mit gewaltigen Gletschern, weiter landeinwärts beginnt die argentinische Pampa – Chile ist hier nur siebzig Kilometer breit. Aisén ist ein Eldorado für Kajakfahrer, Fliegenfischer und Bergwanderer, die hierzulande Andinisten heißen, eine vielstimmige Sinfonie aus Marmor und Granit, Eisfeldern und Vulkanen, verschneiten Gipfeln und kalbenden Gletschern, Wasserfällen und Wildbächen, Bergwäldern und Mooren, reißenden Flüssen und spiegelglatten Seen, auf denen, wie im *Scotch on the rocks*, Eisbrocken schwimmen. Ein Paradies, wenn man so will, aber die Idylle wird von Motorsägen zerschnitten, die Wälder zu Bauholz verarbeiten, das gerodete Land von Rindern und Schafen überweidet, und der größte Sündenfall: Nicht Kilroy war hier und auch nicht Bruce Chatwin, sondern Pinochet, der greise General, der wie ein Gaucho stets eine Sonnenbrille trug und sich großer Beliebtheit erfreute, weil er fürstliche Trinkgelder hinterließ.

Fazit: Das Ende der Welt ist ein relativer Begriff, und wie beim Wettrennen von Hase und Igel ist die Realität der Phantasie stets um eine Nasenlänge voraus.

Ungestraft unter Palmen

Alexander von Humboldts zweite Entdeckung Amerikas

»Es gehört schon ein buntes, geräuschvolles Leben dazu, um Affen, Papageien und Mohren um sich zu ertragen. Manchmal, wenn mich ein neugieriges Verlangen nach solchen abenteuerlichen Dingen anwandelt, habe ich den Reisenden beneidet, der solche Wunder mit andern Wundern in lebendiger alltäglicher Verbindung sieht. Aber auch er wird ein anderer Mensch. *Es wandelt niemand ungestraft unter Palmen,* und die Gesinnungen ändern sich gewiß in einem Lande, wo Elefanten und Tiger zu Hause sind. Nur der Naturforscher ist verehrungswert, der uns das Fremdeste, Seltsamste mit seiner Lokalität, mit aller Nachbarschaft, jedesmal in dem eigensten Elemente zu schildern und darzustellen weiß. Wie gern möchte ich nur einmal Humboldten erzählen hören.«[1]

Diese Passage aus Goethes *Wahlverwandtschaften* ist symptomatisch in zweierlei Hinsicht: einmal weil der (von mir) kursiv hervorgehobene Satz: »Es wandelt niemand ungestraft unter Palmen« nach der Reichsgründung zum geflügelten Wort wurde, das Goethe allen deutschen Kolonialbestrebungen warnend ins Stammbuch schrieb; zum anderen – das ist noch wichtiger – weil hier im Rahmen eines fiktiven Textes, den die Romanfigur Ottilie ihrem Tagebuch anvertraut, der Name einer realexistierenden Person erwähnt wird. Während seines Aufenthalts in Jena im Frühjahr 1797 war Alexander von Humboldt ein gerngesehener Gast im Hause Goethes, dessen Bekanntschaft er zusammen mit seinem älteren Bruder Wilhelm schon 1794 gemacht hatte. Nach der Rückkehr von seinem fünfjährigen Aufenthalt in Mittel-

und Südamerika widmete Humboldt seine 1807 erschienene *Geographie der Pflanzen* Goethe, den er nicht nur als Dichter, sondern auch als Naturforscher verehrte. Im Bild der »Urpflanze« hatte Goethe, ähnlich wie mit dem Nachweis des Zwischenkieferknochens (*Os intermaxillare*) beim Menschen und beim Elefanten, Darwins Evolutionstheorie intuitiv vorweggenommen, der Alexander von Humboldt sich durch wissenschaftlich instrumentierte Beobachtung gleichsam von der entgegengesetzten Seite annäherte. Humboldts Reisewerk ist eine einzige Hommage an Goethe, dem der »zweite Entdecker Amerikas« entscheidende Anregungen verdankt; in einem Brief vom 14. Mai 1806 an Schillers Schwägerin Caroline von Wolzogen hat er dies, zwei Jahre nach der Rückkehr aus Südamerika, selbst ausgesprochen:

»In den Wäldern des Amazonenflusses, wie auf dem Rükken der hohen Anden erkannte ich, wie, von einem Hauche beseelt, von Pol zu Pol nur ein Leben ausgegossen ist in Steinen, Pflanzen und Tieren und in des Menschen schwellender Brust. Überall ward ich von dem Gefühle durchdrungen, wie mächtig jene Jenaer Verhältnisse auf mich gewirkt, wie ich durch Goethes Naturansichten gehoben, gleichsam mit neuen Organen ausgerüstet worden war.«[2]

Der Anklang an Kants berühmte Formel aus der *Kritik der praktischen Vernunft*: „Der bestirnte Himmel über mir und das moralische Gesetz in mir", steht hier nicht von ungefähr.[3] Humboldt hat das klassische Bildungsprogramm des deutschen Idealismus in Südamerika verwirklicht, indem er Goethes Totalitätsanspruch wissenschaftlich umsetzte – von den geologischen Formationen über die Pflanzen- und Tierwelt bis hin zum politischen und kulturellen Überbau. So besehen, haben die Ideen des Weimarer Klassikers, auf tropischen Boden verpflanzt, die schönsten Blüten und die reifsten Früchte getragen. Ihr Einfluß läßt sich an eingestreuten Zitaten ebenso ablesen wie an Komposition und Stil von Humboldts naturphilosophischen Betrachtungen und Essays, die zugleich literarische Meisterwerke sind: Natur und Kunst, Dichtung und exakte Wissenschaft waren noch nicht durch eine Berliner Mauer voneinander geschieden. Zu Beginn des Industriezeitalters hielt Humboldt, trotz rasch fortschreitender Arbeitsteilung und Spezialisierung, fest an der von Goethe angestrebten Einheit von subjektiver und objektiver Erkenntnis, Wissenschaft und Ästhetik, weil nur *so* der Forscher seiner Aufgabe gerecht werden könne, das Ganze zu sehen und nicht bloß einzelne seiner Teile: »Allerdings ist die Natur in jedem Winkel der Erde ein Abglanz des Ganzen. Die Gestalten des Organismus wiederholen sich«, heißt es in seinem Spätwerk *Kosmos*, das die Summe aus Humboldts Schaffen zog.[4]

Schon in seine noch zu Lebzeiten Goethes erschienenen *Ansichten der Natur* flocht Alexander von Humboldt ästhetische Überlegungen ein, die ähnlich in Goethes programmatischem Essay *Einfache Nachahmung der Natur, Manier, Stil* stehen könnten – nur mit dem Unterschied, daß hier anstatt von antiker Kunst und Kultur von tropischer Natur die Rede ist: »Was die Kunst noch zu erwarten hat von dem belebteren Verkehr mit der Tropenwelt, von der Stimmung, die eine großartige, gestaltenreiche Natur dem Schaffenden einhaucht; worauf ich hindeuten mußte, um an den alten *Bund des Naturwissens mit der Poesie und dem Kunstgefühl* (Hervorhebung, H.C.B.) zu erinnern: wird den Ruhm jener Meisterwerke (der Antike, H.C.B.) nicht schmälern. Denn in der Landschaftsmalerei und in jedem anderen Zweige der Kunst ist zu unterscheiden zwischen dem, was beschränkterer Art die sinnliche Anschauung, die unmittelbare Beobachtung erzeugt, und dem, was Unbegrenztes aus der Tiefe der Empfindung und der Stärke idealisierender Geisteskraft aufsteigt.«[5]

Damit sind wir in der griechischen Antike angelangt, die als goldenes Zeitalter und kulturelle Norm bei Goethe wie Humboldt stets präsent ist. Auf dem Frontispiz seines Südamerika-Buchs ist der besiegte Montezuma abgebildet, der von Pallas Athene und Merkur, den Göttern der Kunst und der Wissenschaft, für die Unterwerfung seines Volkes getröstet wird. Humboldts »zweite Entdeckung« Amerikas wird so zur Wiedergutmachung für die erste, weniger friedlich verlaufene: Die Greuel der Conquista werden durch den Fortschritt der Wissenschaften zwar nicht wettgemacht, aber doch im Hegelschen Sinn »aufgehoben« – ein abstrakter Idealismus, den Humboldt durch sein politisches Engagement praktisch beglaubigt hat. Obwohl er auf das Wohlwollen des spanischen Königs angewiesen war, der ihm einen Schutzbrief ausgestellt hatte, prangerte Humboldt auf Schritt und Tritt die Mißstände der Kolonialverwaltung, die Ausbeutung der Indios, die unmenschliche Behandlung der Negersklaven und die bigotte Haltung des katholischen Klerus an:

»Zu unserem großen Verdruß wollte der Missionar von Catuaro uns durchaus nach Cariaco begleiten. [...] Wie lang kam uns der Weg vor, auf dem wir uns in Verhandlungen einlassen mußten ›über die Notwendigkeit des Sklavenhandels, über die angeborene Bösartigkeit der Schwarzen, über die Segnungen, welche der Rasse daraus erwachsen, daß sie als Sklaven unter Christen leben!‹ [...] Aber in Cariaco selbst, wenige Wochen, bevor ich in die Provinz kam, tötete ein Pflanzer, der nur acht Neger hatte, ihrer sechs durch unmenschliche Hiebe. Solche furchtbare Untaten blieben so gut wie unbestraft; der Geist, der die Gesetze macht, und der, der sie vollzieht, haben nichts miteinander gemein.«[6]

Daß Humboldt damit nicht nur den spanischen Kolonialismus meint, sondern das Kolonialsystem überhaupt, hat er in seinem *Essay über den politischen Zustand des Königreichs Neu-Spanien* unmißverständlich ausgesprochen:

»Woher dieser Mangel an Moralität, woher die Leiden, das Unbehagen, dem jeder empfindsame Mensch sich in den Kolonien ausgesetzt findet? Die Ursache liegt darin, daß die Idee der Kolonie selbst eine unmoralische Idee ist. [...] Sich darüber streiten, welche Nation die Neger humaner behandelt, heißt, sich über das Wort Humanität lustig machen und fragen, was angenehmer ist, sich den Bauch aufschlitzen oder die Haut abziehen zu lassen, heißt fragen, ob Spanien in Peru oder in Venezuela unmenschlicher gewütet hat und ob Spanier in Westindien mehr Grausamkeiten verübt haben als Engländer und Franzosen in Ostindien!!«[7]

Daß seine Kritik am Kolonialismus, im Vergleich zu seinen naturwissenschaftlichen Studien, keine Nebensache war, hat Humboldt in Briefen an US-Präsident Thomas Jefferson und an Simón Bolivar, den Befreier Lateinamerikas, selbst betont; noch kurz vor seinem Tod protestierte er gegen eine in New York erschienene, verstümmelte Version seines Kuba-Buchs, aus dem der amerikanische Übersetzer das Kapitel über die Unmenschlichkeit der Sklaverei einfach weggelassen hatte, mit den Worten: »*Auf diesen Teil meiner Schrift lege ich eine weit größere Wichtigkeit als auf die mühevollen Arbeiten astronomischer Ortsbestimmungen, magnetischer Intensitätsversuche oder statistischer Angaben.*« (Hervorhebung, A. v. Humboldt)[8]

Trotz seiner adligen Herkunft sympathisierte Alexander von Humboldt, ähnlich wie sein Bruder Wilhelm, mit den Ideen der Französischen Revolution. Zusammen mit Georg Forster, der an der Weltumseglung von Captain Cook teilgenommen hatte und später in Mainz die erste Republik auf deutschem Boden gründete, besuchte er 1790 zum ersten Mal Paris, wo er sich nach der Rückkehr aus Südamerika auf Dauer niederließ, um die unterwegs gesammelten Pflanzen und Mineralien zu klassifizieren und seinen in französischer Sprache geschriebenen Reisebericht zu verfassen. In einem

Brief vom 3. Januar 1806 an den Genfer Naturforscher Marc-Auguste Pictet, von dem Humboldt sich Hilfe bei der Verbreitung seines Reisewerks erhoffte, bat er diesen, das »von« vor seinem Namen wegzulassen und nicht zu erwähnen, daß der König von Preußen ihn in Anerkennung seiner Verdienste zum Kammerherrn ernannt hatte: »Wenn Sie von mir sprechen, liebe ich es am meisten, daß Sie einfach Herr Humboldt sagen, höchstens Herr Alexander Humboldt. Das ist englischer, denn das ›von‹, oft wiederholt, klingt schlecht im Ohr.«[9]

In ähnlichem Sinn hatte sich Humboldt schon in dem frühen Text *Der rhodische Genius*, einer allegorischen Erzählung, die 1795 in Schillers Zeitschrift *Die Horen* erschien, in Gestalt eines griechischen Philosophen selbst charakterisiert: »Er besuchte selten den Hof, weil solche Fürstennähe auch den geistreichsten Männern von ihrem Geiste und ihrer Freiheit raubt. [...] Er ward von dem niederen Volke und doch auch von dem Tyrannen geehrt. Diesem wich er aus, wie er jenem freudig und oft hülfreich entgegenkam.«[10]

Die in die Antike verlegte Parabel nimmt nicht nur Humboldts späteren Lebensweg vorweg, sie macht zugleich die unbewußte Motivation seines unstillbaren Forschungsdrangs sichtbar, eine latente Homosexualität, die in schwärmerischen Männerfreundschaften zum Ausdruck kam. Der »rhodische Genius«, ein fiktives Götterbild, bringt diese erotische Obsession symbolisch zum Ausdruck; der junge Humboldt entwirft hier eine sexuelle Utopie, in der die Natur die von der Kultur errichteten Hemmschwellen niederreißt und das künstlich Getrennte sich in einer kosmischen Orgie miteinander paart:

»Der Kreis der Jünglinge und Mädchen stürzte in mannigfachen Umarmungen gleichsam über ihm zusammen; ihr Blick war nicht mehr trübe und gehorchend, sondern kündigte den Zustand wilder Entfesselung, die Befriedigung lang genährter Sehnsucht an. [...] Hier tritt die Lebenskraft gebieterisch in ihre Rechte ein; sie kümmert sich nicht um die democritische Freundschaft oder Feindschaft der Atome; sie vereinigt Stoffe, die in der unbelebten Natur sich ewig fliehen, und trennt, was in dieser sich unaufhaltsam sucht.«[11]

Die Dunkelheit der Sprache weist auf den Grad der Verdrängung hin, der das homoerotische Begehren, damals wie heute, unterlag. Noch in einem in Bogotá geschriebenen Entwurf zu seiner Autobiographie hat Humboldt den Satz: »Ich gewann ihn sehr lieb« gestrichen und durch die unverfängliche Mitteilung: »Er bestimmte mir Pflanzen, ich bestürmte ihn mit Besuchen« ersetzt.[12]

Die Rede ist hier von seinem Lehrer Carl Ludwig Willdenow, der Alexander von Humboldts Liebe zur Botanik weckte: Die erste Station in einer nicht abreißenden Kette von Männerfreundschaften, die mit emotionalen Auf- und Abschwüngen Humboldts Leben durchzog: Von seinem Freiberger Kommilitonen Carl Freiesleben, den er als »mein Herzensjunge« titulierte, und Reinhard von Haeften, den er sogar auf dessen Hochzeitsreise begleiten wollte, über Aimé Bonpland, den Gefährten der fünf Jahre dauernden Südamerikafahrt, zu François Arago, mit dem er nach der Rückkehr in Paris zusammenlebte; und weiter bis zu den jungen Forschern, die der alternde Humboldt mit enthusiastischer Fürsorge in Berlin förderte: Heinrich Brugsch, Balduin Möllhausen, und wie sie alle hießen. Daß es sich dabei um mehr handelte als um pädagogischen Eros oder empfindsamen Freundschaftskult geht aus dem folgenden Brief an Carl Freiesleben überdeutlich hervor:

»Dieser Reinhard von H. ist seit 1 Jahre mein einziger und stündlicher Umgang. [...] Ich habe, um ihn ganz zu genießen, mich von aller übrigen Gesellschaft losgerissen, und ich lebe mit ihm hier gerade wie ich in Freiberg mit Ihnen lebte.[...] Als ich von Ihnen schied, Herzensjunge, glaubte ich schwärmerisch, ich könne nur an einem Menschen hängen, ich fände nie jemand wieder, mit dem es mir so ums Herz wäre als mit Ihnen. Ich müßte Sie verkennen, wenn ich ahndete, Sie könnten es mißdeuten, wenn ich Ihnen sage, daß ich diesen H. ganz so innig, so herzlich als Sie liebe.«[13]

Höhepunkt von Humboldts Lebensreise, im wörtlichen wie im übertragenen Sinn, war die Besteigung des Chimborazo am 22. Juni 1802, fast auf den Tag genau drei Jahre, nachdem er den Pic de Teneriffa erklommen hatte. Mit dieser Pioniertat ging Humboldt, der sich bis auf wenige hundert Meter dem Gipfel näherte, zwar nicht als Wissenschaftler, aber doch als Sportsmann in die Annalen der Geschichte ein: Der von ihm aufgestellte Höhenrekord hatte sechzehn Jahre lang Bestand. Das gefahrvolle Unternehmen war auch eine Reise ins Ich, die Humboldt erst abbrach, als seinen Begleitern Blut aus Mund und Nase schoß und eine unüberbrückbare Schlucht ihm den weiteren Aufstieg versperrte. Erst nach dem Abstieg enthüllte sich der nebelverhangene Gipfel vor den Augen der Reisenden: »Am 25. Junius erschien uns in Riobamba Nuevo der Chimborazo in seiner ganzen Pracht, ich möchte sagen in der stillen Größe und Hoheit, die der Naturcharakter der tropischen Landschaft ist.«[14]

Der Anklang an Winckelmanns vielzitierte Formel: „Edle Einfalt und stille Größe" ist an dieser Stelle durchaus beabsichtigt, denn für Humboldt war die Tropennatur Ausdruck des gleichen ästhetischen Prinzips, dem die klassische Kunst ihre Entstehung verdankt, und in der Aufhebung der Entfremdung von Natur und Kultur, in der Versöhnung »des Naturwissens mit der Poesie und dem Kunstgefühl« lag der überzeitliche Anspruch seiner Kosmologie.

Heute, am Ausgang des 20. Jahrhunderts, ist die von Humboldt erstrebte Synthese wieder in ihre Einzelteile zerfallen, die fortschreitende Spezialisierung hat die Gesamtschau verdrängt. Das liegt nicht allein am Unvermögen heutiger Reisender, an mangelnder Bildung oder fachlicher Inkompetenz, sondern mehr noch am Altern ihres Gegenstands. Vor 200 Jahren, als Humboldt zusammen mit Bonpland den Orinoko befuhr, war Südamerika zwar von Konquistadoren und Kolonisatoren ausgeplündert, aber noch kaum wissenschaftlich erforscht und literarisch beschrieben worden. Der Totalitätsanspruch des deutschen Idealismus ist heute nicht mehr möglich; der aus Europa kommende Reisende steht mehr oder weniger begriffslos vor einer widersprüchlichen Wirklichkeit, die, fremd und vertraut zugleich, in beziehungslose Bildausschnitte zerfällt. Die traditionellen Bezugssysteme der Geschichte und Geographie, Soziologie und Politik haben ihre Glaubwürdigkeit verloren und tragen eher dazu bei, diese Wirklichkeit zu verschleiern, als sichtbar zu machen. Unter diesen Umständen kommt der Verzicht auf Objektivität, wie ihn die Postmoderne propagiert, vielleicht der Wahrheit am nächsten. Und Humboldts *Reise in die Äquinoktialgegenden des Neuen Kontinents* erscheint aus heutiger Sicht als Traum von einem goldenen Zeitalter, in dem der Dreiklang von Aufklärung, Klassik und Romantik eine Gesamtschau ermöglicht hat, die für die Nachgeborenen nicht wiederholbar ist.

Anmerkungen

1 »Aus Ottiliens Tagebuche«, in: Johann Wolfgang Goethe: *Die Wahlverwandtschaften*, hg. von Hans-J. Weitz, Frankfurt-Main 1972, S. 173 f.

2 Alexander von Humboldt: *Aus meinem Leben. Autobiographische Bekenntnisse*, hg. von Kurt-R. Biermann, München 1987, S. 180

3 Immanuel Kant: „Kritik der reinen praktischen Vernunft", in: *Die drei Kritiken*, hg. von Raymund Schmidt, Stuttgart 1956, S. 243

4 Alexander von Humboldt: *Kosmos. Entwurf einer physischen Weltbeschreibung,* Stuttgart-Augsburg 1847 (Cotta), Bd. 2, S. 89

5 Ibid. S. 88 f.

6 Alexander von Humboldt: *Südamerikanische Reise,* hg. von Reinhard Jaspert, Berlin 1979, S. 126 f.

7 Ders.: *Die Wiederentdeckung der Neuen Welt,* hg. von Paul K. Schäfer, Berlin (DDR) 1989, S. 430 f.

8 Ders.: *Cuba-Werk,* in: Alexander von Humboldt: *Studienausgabe,* hg. von Hanno Beck, Darmstadt 1992, Bd. 3, S. 256 f.

9 Ders.: *Aus meinem Leben,* op. cit. S. 61 f.

10 »Der rhodische Genius,« in: A. v. Humboldt: *Ansichten der Natur,* hg. von H. M. Enzensberger, Nördlingen 1986, S. 428

11 Ibid. S. 427, 429

12 *Aus meinem Leben,* op. cit. S. 34

13 Ibid. S. 150 ff.

14 *Südamerikanische Reise,* op. cit. S. 510

Ein unordentliches Meisterwerk

García Márquez' Autobiographie

Wer oder was ist Gabriel García Márquez? Ein literarischer Superstar, der, durch den Nobelpreis geadelt, Massenwirksamkeit mit höchster Qualität verbindet und stets aufs Neue seine Leser entzückt? Oder ein kommerziell verflachter Bestsellerautor, der vergeblich an den Welterfolg seines Romans *Hundert Jahre Einsamkeit* anzuknüpfen versucht, weil ihm seit 1967 nichts Neues mehr einfällt? Verkörpert er wie kein anderer die Widersprüche Kolumbiens, dessen Glanz und Elend er in seinen Romanen geschildert hat, oder ist er ein Relikt des Lateinamerika-Booms der 80er Jahre, der historisch Patina angesetzt und der heutigen Generation absolut nichts mehr zu sagen hat? Ist Gabo, wie seine Freunde ihn nennen, ein Höfling Fidel Castros und in der Wolle gefärbter Kommunist oder ein mutiger Streiter für Freiheit und Unabhängigkeit des von den USA geknechteten Subkontinents?

García Márquez' Autobiographie beantwortet keine dieser Fragen, aber sie liefert das Anschauungsmaterial, aus dem die Leser ihre eigenen Schlußfolgerungen ziehen können. Um es vorweg zu sagen: *Vivir para contarlo* (*Leben, um davon zu erzählen*), von Dagmar Ploetz kongenial übersetzt, widerlegt alle Leerformeln und Klischees, die über den Autor im Umlauf sind, denn anders als Rousseau legt Márquez keine Beichte ab, sondern erzählt eine Geschichte, wie es sich für einen Romancier gehört: Wann und wo, wie und warum der kleine Gabriel, ältester Sohn von elf Geschwistern aus einer verarmten Familie, die ständig von einer Stadt an der Karibikküste zur nächsten zog, zum großen Schriftsteller geworden ist. In diesem Punkt ist das Buch Goethes *Dichtung und Wahrheit* vergleichbar, wobei der Unterschied sofort ins Auge springt: Obwohl auch der alte Goethe seinen Erzählfluß gerne über die Ufer treten ließ, wirkt dessen Autobiographie sparsam, ja wortkarg gegenüber der Redundanz von García Márquez, der seine Jugenderinnerungen auf 600 Seiten ausbreitet, um nicht zu sagen – aufbläht. Dabei ist wenig zu spüren von der vom Autor geforderten Rücksichtslosigkeit im Umgang mit dem eigenen Werk. Manche Episoden werden mehrmals erzählt, und wie beim Recycling von Altpapier schreckt der Verfasser vor Wiederholungen und wörtlichen Übernahmen nicht zurück. Anders als beim für seine Strenge gefürchteten, jungen García Márquez, der allen Lobrednern mißtraute und seine Manuskripte so lange wie möglich unter Verschluß hielt, tritt sentimentale Selbstverliebtheit an die Stelle virulenter Selbstkritik, eine Altersmilde, die angesichts der Krebserkrankung des Autors psychologisch verständlich ist, literarisch aber wenig überzeugt. Alles Negative, Häßliche und Böse bleibt aus der Schilderung seiner frühen Jahre verbannt, deren Sinn und Zweck einzig darin bestand, ein Genie in seine literarische Umlaufbahn zu befördern. Nicht nur der Ich-Erzähler, auch die Freunde und Feinde, Gefährten und Geliebten des Protagonisten werden positiv verklärt, im Sinne von Goethes Vers: »Es sei wie es wolle – es war doch so schön«, der dem Buch als Motto voranstehen könnte.

Die Schwächen des Textes, der ohne Substanzverlust erheblich hätte gekürzt werden können, werden durch dessen Stärken wettgemacht. Damit ist nicht die kulinarische Qualität gemeint, die zu den Markenzeichen der Prosa von García Márquez gehört. Feststellungen wie die, »daß für einen Schriftsteller das Bordell der beste Wohnort sei: Ruhe am Vormittag, nachts immer Betrieb, und außerdem noch gute Beziehungen zur Polizei«, machen den Lesern Spaß, und man hört förmlich die Bravorufe, wenn der Autor die Erwartungen seines Publikums bedient, für das Exotik sich noch immer auf Erotik reimt: »Bei Martina Alvarado, der ältesten Puffmutter, gab es eine heimliche Hintertür und humane Tarife für reuige Geistliche.« Daß diese folkloristische Sicht der Vergangenheit angehört und vielleicht so nie gestimmt hat, weil die Mehrheit der Kolumbianer nicht in der fiktiven Kleinstadt Macondo lebt, sondern in von Autoabgasen, Drogen und Aids verseuchten Megametropolen, steht auf einem anderen Blatt. Die Kritik seiner Landsleute, García Márquez zeichne kein realistisches Bild Lateinamerikas, sondern bestätige aus Europa stammende, exotistische Klischees, mag berechtigt sein. Aber hier wie anderswo gilt, daß die Phantasie die Wirklichkeit Lügen straft und die Übertreibung der Wahrheit am nächsten kommt.

Gabriel García Márquez' Meisterschaft liegt nicht in den gepfefferten Details – bei der Schilderung von Bettszenen hält er sich schamhaft zurück – sondern in Anlage und Aufbau des Ganzen, der, anders als das überquellende Füllhorn seiner Einfälle, ökonomisch klug kalkuliert erscheint. Dreh- und Angelpunkt, um den der Autor seinen Erzählstoff rafft, ist der überraschende Besuch der Mutter, die ihren zum Bohémien mutierten Sohn kaum wiedererkennt, in Barranquilla, wo Gabriel als Kolumnist bei einer Tageszeitung arbeitet. Von dort reisten beide mit dem Flußdampfer in seine Geburtsstadt Aracataca, um das Haus der Großeltern zu verkaufen: Ein »fruchtbarer Augenblick« (Lessing), der den angehenden Autor mit seiner vergessenen Kindheit konfrontierte und so den Keim zu den späteren Romanen legte. Wie die in eine Teetasse getauchte *Madeleine* bei Proust setzt der Anblick des verfallenen Hauses, in dem García Márquez aufgewachsen ist, die blockierte Erinnerung frei und damit einen Schreibprozeß in Gang, der in *Hundert Jahre Einsamkeit* gipfeln wird. Den Schlußpunkt des Buches bildet der Aufbruch des Autors nach Europa, mit dem dessen Lehr- und Wanderjahre enden und sein Weltruhm beginnt.

Die Darstellung der eigenen Kindheit ist eine Goldmine für jeden Schriftsteller, ein Erzählstoff, in dem er ganz aufgehoben ist und den ihm keiner streitig machen kann. Das gilt auch für García Márquez, dessen Autobiographie eine Huldigung an die Mutter und die weiblichen Mitglieder seiner Familie ist: »Ich glaube den Kern meines Wesens und Denkens den Frauen der Familie und den vielen Dienstboten zu verdanken, die meine Kindheit behütet haben [...] Sie zogen sich vor mir um, badeten mich, während sie selbst badeten, setzten mich auf meinen Nachttopf und sich auf den ihren, breiteten vor mir ihre Geheimnisse aus, ihren Kummer, ihren Groll, als verstünde ich das alles nicht, und merkten dabei nicht, daß ich alles begriff.« Die Kehrseite der von Patriarchen beherrschten, postkolonialen Gesellschaft ist ein verkapptes Matriarchat – Erziehung durch Dienstmädchen, die afrikanischer oder indianischer Herkunft sind und den kleinen Gabriel mit ihrer fremden Sprache und Kultur konfrontieren: »Memes verworrenes Spanisch setzte den Dichter in Erstaunen, als sie die Streichhölzer fand und ihm die Schachtel mit triumphalem Kauderwelsch zurückgab: ›Hier ich bin, Zündholz dein.‹«

Der Vater, ein Telegrafist, der sich zum Homöopathen weiterbildet und auf seinen Reisen uneheliche Kinder zeugt, bleibt schon deshalb blaß, weil er die meiste Zeit abwesend ist. Seine Stelle nimmt der Großvater ein, Veteran des Krieges der tausend Tage, der zur Abtrennung Panamas von Kolumbien führte, ein Haudegen, der seinen Herausforderer im Duell tötet und vergeblich auf die Auszahlung der Pension wartet, die der Staat den Kriegsteilnehmern versprochen hat. Das Haus des Großvaters in Aracataca, wo García Márquez zur Welt kam, ist die Urzelle seines Werks, die in wechselnden Konstellationen in seinen Romanen und Erzählungen wiederkehrt.

»An einem ganz gewöhnlichen Nachmittag hörten wir Schreie auf der Straße und sahen einen Mann ohne Kopf auf einem Esel vorbeireiten. Auf einer Plantage waren alte Rechnungen beglichen worden, dabei hatte man ihn mit der Machete enthauptet, und sein Kopf war vom Strom des Bewässerungsgrabens mitgerissen worden.« Das ist magischer Realismus pur, und solche Passagen sucht man im zweiten Teil des Buches, der vom intellektuellen Werdegang des Autors handelt, vergeblich – mit Ausnahme des *bogotazo,* eines durch die Ermordung des Präsidentschaftskandidaten Gaitán ausgelösten Blutbads in Bogotá, das García Márquez aus der Nähe mitansah. Der 9. April 1948 war der Höhepunkt der sogenannten *Violencia,* einer Kette von Massakern, Attacken linker Guerilleros und Repressalien rechter Militärs, der Kolumbiens Gesellschaft – und mit ihr das Bewußtsein des Autors – bis heute prägt. García Márquez – so das Fazit der Lektüre – ist kein politischer Denker, sondern ein geborener Erzähler, der mehr aus dem Bauch als aus dem Kopf heraus schreibt: Von daher seine Nibelungentreue zu Fidel Castro, die sich schlecht mit seinem Vorbild William Faulkner verträgt, einem konservativen Gringo, der nichts vom Kommunismus hielt. Wie dieser hat García Márquez das Romanschreiben von der Pike auf gelernt, und wie sein deutscher Kollege Günter Grass hat er gezeigt, daß ehrliches Handwerk goldenen Boden hat.

Endstation COCA COLA?

Costa Rica zum Beispiel

In Costa Rica ist alles anders als anderswo in Zentralamerika. Die Mangos heißen hier Mangas und die Bananen Bananos, und der Busbahnhof von San José, an dem die Busse aus allen Teilen des Landes ankommen und abfahren, heißt nicht *Endstation Sehnsucht* wie die berühmte Straßenbahn von New Orleans, sondern Endstation Coca Cola.

In Costa Rica gibt es weder linke Guerilleros, noch rechte Todesschwadronen und folternde und mordende Militärs: Nach einem blutigen Bürgerkrieg wurde 1948 die Armee abgeschafft, und die Costarizenser oder Ticos, wie sie selbst sich nennen, sind so unkriegerisch, daß sie sich das rollende R, das auf spanisch wie eine MG-Salve klingt, wie Kaugummi auf der Zunge zergehen lassen: Statt RREVOLUTION sagt man hier einfach nur Reform.

Die Schweiz hat, ähnlich wie Paris oder Venedig, die Tendenz, sich unkontrolliert auf der Landkarte zu vervielfältigen: Wenn ich richtig gezählt habe, gibt es sie außerhalb der Alpenrepublik noch mindestens fünfmal: Die Sächsische und Holsteinische Schweiz, die Schweiz Afrikas (Sambia), die Schweiz Asiens (Nepal oder Bhopal) und die Schweiz Lateinamerikas, von der hier die Rede ist.

Was Costa Rica, außer seiner Neutralität, mit den Eidgenossen gemeinsam hat, sind hohe Berge und saftige grüne Wiesen, auf denen aus Holstein und Texas importierte Kühe weiden: Ihre Milch wird zu Butter, Sahne und fetter Eiscreme verarbeitet, die hier nicht Mövenpick, sondern Mönpick heißt. Anders als die Schweiz aber ist Costa Rica vom Meer umschlossen. Es hat zwei Küsten, eine atlantische und eine pazifische, fünf aktive Vulkane, die von Zeit zu Zeit giftiges Schwefelgas, Feuer und Lava ausspeien, und mindestens sechs Klimazonen: Kühles Hochland, tropische Trockensavanne, sumpfige Küstenniederung sowie subtropischen Regen-, Nebel- und Wolkenwald. Im Hochland werden Gemüse und Kartoffeln angebaut, auf den Berghängen wächst Kaffee, der vorwiegend nach Europa exportiert wird, und die feuchtheiße Küstenniederung wurde hundert Jahre lang von der United Fruit Company beherrscht, kurz *Yunai* genannt, die Bananenpflanzungen anlegte und Plantagenarbeiter aus Jamaica importierte, bevor sie die durch Monokultur erschöpften Böden und ihre mittellosen Bewohner sich selbst überließ. An der Karibikküste wird jamaikanisches Englisch gesprochen. Die weißgestrichenen Holzhäuser stehen auf Stelzen im Sumpf, ihre schwarzen Einwohner dösen in Schaukelstühlen und Hängematten vor sich hin und trommeln Calypso- und Reggae-Rhythmen auf leere Ölfässer: Die Arbeit auf den wenigen noch rentablen Bananenplantagen wird längst von Maschinen besorgt. Im Valle Central dagegen, dem zentralen Hochland von Costa Rica mit seiner Hauptstadt San José, deren Betreten für Schwarze noch vor einem Menschenalter verboten war, spricht man ausschließlich spanisch, ebenso wie an der Pazifikküste, wo je nach Klima und Bodenbeschaffenheit Kokospalmen und Zuckerrohr angebaut oder Rinder gezüchtet werden. Niemand braucht zu hungern: Noch ernährt das kleine Land seine knapp vier Millionen Einwohner, von denen über die Hälfte in San José lebt. Costa Rica ist Selbstversorger mit Milchprodukten und Fleisch, Obst und Gemüse; Lastwagen und Traktoren, Autos und andere Luxusgüter sind hoch besteuert, weil sie aus dem Ausland importiert und mit Devisen teuer bezahlt werden müssen. Die Schuldenpolitik des internationalen Währungsfonds und der Weltbank trieb das von Natur aus reiche Land an den Rand des Staatsbankrotts.

Costa Rica war bis vor kurzem ein sozialdemokratisch regierter Wohlfahrtsstaat; sein langjähriger Präsident Dr. Oscar Arias Sanchez wurde für seinen Mittelamerika-Friedensplan mit dem Nobelpreis geehrt. Geld, welches anderswo das Militär verschlingt, kam hier dem öffentlichen Verkehr, Volksbildung, Gesundheit und Umweltschutz zugute; das frühere Hauptquartier der Armee beherbergt heute ein Museum. Costa Rica hat ein vorbildliches Verkehrs-, Bildungs- und Gesundheitswesen mit der höchsten Alphabetisierungsrate und den niedrigsten Tarifen Mittelamerikas: Fast jeder Punkt des Landes ist von der Hauptstadt San José aus mit dem Auto in drei bis vier Stunden, mit dem Flugzeug in einer halben Stunde bequem zu erreichen. Inlandsflüge und Busfahrten sind billig, Telefonieren ist fast umsonst; Krankenhäuser, Schulen und Universitäten wurden und werden vom Staat subventioniert. Die geographische Randlage hat dieses Wunder möglich gemacht: Schon in präkolumbianischer Zeit lag Costa Rica an der Peripherie der damaligen Hochkulturen und blieb von Zwangsarbeit für die Tempelbauten der Mayas ebenso verschont wie von Menschenopfern und Versklavung durch die Azteken. Nach seiner Eroberung durch spanische Konquistadoren geriet das dünn besiedelte Bergland buchstäblich in Vergessenheit und dämmerte in provinzieller Isolation vor sich hin, bis um die Mitte des 19. Jahrhunderts nordamerikanische Söldner unter Führung eines gewissen William Walker in Costa Rica landeten, um die Segnungen der Sklaverei auch in Mittelamerika einzuführen. Nach zehnjährigem Guerillakrieg warfen die Ticos, gemeinsam mit Nicaraguanern und Honduranern, die Yankee-Banditen aus dem Land: William Walker wurde an die Wand gestellt und standrechtlich erschossen.

Seitdem herrscht Ruhe im Land. Die reformfeindliche Politik der Kirche führte schon vor hundert Jahren zur Entmachtung des katholischen Klerus, und seit dem Bürgerkrieg von 1948, der mit der Niederlage der Armee endete, werden politische und soziale Konflikte nur noch mit Stimmzetteln ausgetragen – eine Ausnahme in der politischen Landschaft Lateinamerikas. Indes, der idyllische Anschein täuscht, denn hinter der neutralen Fassade dieses, ähnlich wie die Schweiz, zur Selbstgerechtigkeit neigenden Musterlands brodeln die Probleme, die sich anderswo eruptiv entladen, unterirdisch vor sich hin. Die gesamte Region ruht nicht nur geologisch, sondern auch politisch auf heißem Boden, der in unregelmäßigen Intervallen von Erdbeben und Vulkanausbrüchen erschüttert wird. Die sozialen Spannungen und ideologischen Konflikte, von denen die Nachbarstaaten Panama und Nicaragua heimgesucht werden, haben auch in Costa Rica ihre Spuren hinterlassen. Der Drogenhandel blüht ebenso wie die Korruption und eine unkontrolliert wuchernde staatliche Bürokratie; hinter den Kulissen pokern die USA, Kuba und das kolumbianische Medellínkartell um Einfluß und Macht – nicht zu vergessen Ex-Sandinisten und Contras aus Nicaragua –, und das Fehlen der Armee wird durch die allgegenwärtige Präsenz der paramilitärischen Polizei wettgemacht.

Obwohl die Regierung die letzten Rückzugsgebiete der tropischen Primärvegetation unter Naturschutz gestellt hat, schreitet die Abholzung der Regenwälder unaufhaltsam fort, und der Zustrom von Dollartouristen beschädigt nicht nur die natürliche Umwelt, sondern auch die traditionelle Gastfreundschaft. Noch wird der Reisende am Flughafen von San José mit spontanem Lächeln empfangen und kann auf seiner Fahrt durch Costa Rica die Wunder einer intakten Pflanzen- und Tierwelt besichtigen: Von Korallenriffen mit leuchtend bunten Fischschwärmen über Regen-, Nebel- und Wolkenwälder voller Affen und Papageien bis zu schäumenden Wasserfällen und giftgrünen Kraterseen auf den Gipfeln der Vulkane. Aber es ist nur noch eine Frage der Zeit, bis die Regenwälder sich in Savannen verwandeln und die spontane Gastfreundschaft in Mißtrauen und Profitgier umschlagen wird. Auf der anderen Seite ist die Fähigkeit, aus Fehlern zu lernen, um Fehlentwicklungen zu vermeiden, in Costa Rica höher entwickelt als anderswo in Mittel- und Südamerika.

DIWAN UND DESPOTIE

»Wer nichts tut, erreicht alles.«
(Lao Tse)

»Rent Your Own Crowd!«

Aufzeichnungen aus Dschihadistan

Islamabad, Ende September 2001

Nach dem Freitagsgebet in der Moschee liegt gespannte Stille über der Stadt, die mit ihren am Reißbrett entworfenen Boulevards, Regierungsgebäuden und Grünflächen eher an einen kalifornischen Campus erinnert als an die Metropole einer von Unruhen geschüttelten Moslemrepublik. Die seit Tagen befürchtete, gewalttätige Explosion blieb aus, nachdem die Mullahs die Erklärung des Präsidenten Pervez Musharraf, er stehe fest an der Seite der USA im Konflikt um die Auslieferung des Terroristenführers Osama bin Laden, mit der Androhung des Heiligen Krieges beantworteten. Islamabad ist nicht zu vergleichen mit Millionenstädten wie dem von afghanischen Flüchtlingen berstenden Peshawar oder dem von sozialen Spannungen zerrissenen Karachi, dessen Bevölkerung aus ethnischen und religiösen Gründen mit Osama bin Laden und den Taliban sympathisiert. In der Hauptstadt haben Armee und Polizei alles unter Kontrolle, und die Regierung des durch einen Militärputsch an die Macht gelangten Präsidenten Musharraf hält das Heft fest in der Hand. Diplomatische Beobachter warnen vor einer Verteufelung des Generals, dessen Regime korrupte und unfähige Zivilregierungen ablöste; Musharraf kennt sein eigenes Volk, und er hat seine Rede, die zur besten Sendezeit *live* im Fernsehen lief, bewußt nicht auf englisch, sondern auf urdu gehalten. Es war ein politischer Drahtseilakt, ein Meisterstück geschickt ausbalancierter Rhetorik, mit dem Musharraf sich auf die Seite der Amerikaner schlug und den von Pakistan aufgerüsteten und unterstützten Taliban die Gefolgschaft aufkündigte, indem er die Auslieferung Osama bin Ladens verlangte. Deren *Schura* – eine Mischung aus Ältestenrat und Vertretern der Geistlichkeit – vertagte sich zunächst und verfügte dann, bin Laden, ein persönlicher Freund und Schwager des Talibanführers Mullah Omar, solle aus eigenem Antrieb das Land verlassen: Ein Vorwand, um Zeit zu gewinnen, um das heilige Gesetz der Gastlichkeit nicht durch Auslieferung des Terroristenchefs an dessen Feinde zu brechen. Auch die Drohung mit dem Dschihad ist ein Versuch der islamischen Geistlichkeit, ihr Gesicht zu wahren zwischen den militärischen Drohungen der Amerikaner und der aufbegehrenden Masse der Armen, die ihre sozialen und politischen Frustrationen mit schrillem Antiamerikanismus kompensieren. Nicht Osama bin Laden und sein von außen finanziertes und manipuliertes Netzwerk des Terrors stecke hinter den Anschlägen auf das World Trade Center und das Pentagon, so heißt es, sondern eine zionistische Verschwörung, sprich: Der israelische Geheimdienst Mossad, der Amerika zu einem vernichtenden Schlag gegen die islamische Welt zu provozieren versuche. Als »Beweis« wird angeführt, daß 4000 jüdische Mitarbeiter des World Trade Center am Morgen des 11. September angeblich nicht zur Arbeit erschienen seien. Und wen diese Verschwörungstheorie nicht überzeugt, der wird auf Pakistans Erbfeind Indien verwiesen, der sein volles Verständnis für mögliche Gegenschläge der USA bekundet und diesen Militärbasen und einschlägiges Know-how zur Verfügung stellen will. Hier liegt der tiefere Grund für den Sinneswandel Musharrafs, der das aus der Zeit des sowjetischen Afghanistankrieges stammende Bündnis Pakistans mit den USA erneuern will, das potentiell gegen Indien gerichtet war und ist. Daß sein politisch isoliertes und hochverschuldetes Regime sich von der Preisgabe der Taliban diplomatische

Aufwertung und finanzielle Sanierung erhofft, steht auf einem anderen Blatt. Und falls Washington ihn im Regen stehen läßt, droht er mit der Verschärfung der Spannungen im Kaschmir-Konflikt, der den indischen Subkontinent schon mehrfach an den Rand des Krieges gebracht hat. Aus pakistanischer Sicht sind die dortigen Unabhängigkeitskämpfer keine Terroristen, sondern Patrioten, deren Anliegen nicht dem von den USA gewünschten Interessenausgleich mit Indien geopfert werden darf. Musharraf steht das Wasser bis zum Hals: Wendet er sich nicht nur von den international geächteten Taliban, sondern auch von den Kaschmiris ab, versinkt er im Strudel des Bürgerkriegs, der von Afghanistan auf Pakistan überzuspringen droht.

»Ich war entsetzt und schockiert über den Anschlag auf das World Trade Center«, sagt Muhammad Azam, Regierungsbeamter und Vater von zwei Kindern, während er, unter einer *Wella*-Reklame sitzend, darauf wartet, im Basar einen Haarschnitt verpaßt zu bekommen. »Aber es ist töricht von den USA, das Attentat einer einzelnen Person in die Schuhe zu schieben, ohne einen einzigen Beweis dafür vorzulegen.« Der neben ihm sitzende Kunde, ein Polizist in Zivil, der seinen Namen mit Aziz angibt, stimmt ihm zu. »Ich weiß nicht, wen ich mehr hassen soll«, sagt er, während der Friseur ihm den Bart einseift: »Israel, Indien oder die USA.« Und als Beweis, daß er für die Polizei arbeitet, zeigt er unaufgefordert seinen Dienstausweis vor. Er interessiere sich nicht für Politik, nur für Business, meint der Friseur, während er an einer Lederschlaufe das Rasiermesser schärft, und habe Schwierigkeiten, seine Familie zu ernähren, denn die Flüchtlinge aus Afghanistan nähmen den Einheimischen die Butter vom Brot. Die Geschäfte gingen schlecht, doch mit Gottes Hilfe – Inschallah! – werde Pakistan die gegenwärtige Krise überstehen. Und er lädt den ausländischen Besucher ein, eine Tasse Tee mit ihm zu trinken: Gastfreundschaft sei für alle Moslems oberstes Gebot.

Als ich vor die Tür trete, ist draußen eine Protestdemonstration im Gang. Hunderte meist jugendlicher Demonstranten – am Vortag sollen es Tausende gewesen sein – defilieren nach dem Besuch der Moschee an mit Schlagstöcken und Schutzschilden bewehrten Polizisten vorbei, die den Aufmarsch mit sanftem Druck von der Municipal in die Suhrawady Road umdirigieren. »Afghanistan: Friedhof der USA!« – »We love Osama bin Laden!« und »Der Islam besiegt alle Ungläubigen (Kufr)« steht auf ungelenk bemalten Transparenten, die mehr an die Medien als an die eigene Bevölkerung gerichtet sind, deren Mehrheit des Lesens und Schreibens unkundig ist. Obwohl die Islamisten hierzulande eine extremistische Minderheit sind, werden ihre im Sprechchor gebrüllten Slogans »Osama zindabad – Taliban zindabad – America murdabad!« (Osama soll leben, die Taliban sollen leben, Amerika soll sterben!) von den Passanten mit Beifall aufgenommen, und auch die Polizisten sehen nicht so aus, als seien sie über die Parolen empört.

Ortswechsel. »Der Sieg der Taliban-Fundamentalisten war eine Folge der amerikanischen Politik«, sagt Syed Anwer, ein Hazara aus Nordafghanistan, der auf Seiten des 2001 ermordeten Rebellenführers Massud gegen die Russen kämpfte und heute als Journalist einer Lokalzeitung in Peshawar arbeitet. Die Redaktion der FRONTIER POST liegt an der Ausfallstraße in Richtung Khyber-Pass, den die pakistanische Armee für Flüchtlinge aus Afghanistan und Journalisten geschlossen hat, neben einer Halde von schwelendem Plastikmüll, der Besuchern Tränen in die Augen treibt. An der Wand ein kitschiges Ölgemälde: Ein Dorfältester mit wallendem Bart sitzt im Kreis bewaffneter Kämpfer auf der Erde, umgeben von weidenden Pferden, im Hintergrund die Berge des Hindukusch. Tausende von Kilometern und Hunderte von Jahren trennen das zentralasiatische Hirtenidyll vom Alltag eines Mitteleuropäers oder Nordamerikaners. Also doch Krieg der Kulturen? Nein, meint Syed Anwer, es gehe um handfestere Motive: Afghanistan sei ein kleines und armes Land, das sich mit List und Gewalt gegen seine mächtigen, raubgierigen Nachbarn zur Wehr setzen müsse. Der Chefredakteur der FRONTIER POST Abdur Raheem stimmt ihm zu. Das Ganze sei ein abgekartetes Spiel: Schon Rußland und England hätten geopolitische Ziele in Asien verfolgt, ähnlich wie später die UdSSR und die USA; Iran sei am Wasser des Hindukusch und Pakistan an einer ihm genehmen Regierung in Kabul interessiert, und jeder dieser *global players* habe abwechselnd diesen oder jeden *warlord* und dessen ethnische oder religiöse Gefolgschaft unterstützt. Deshalb sei auch von der Nordallianz und den Nachfolgern Massuds keine tragfähige Lösung zu erwarten. »Die Mehrheit der Afghanen hat mit Terrorismus und religiösem Fundamentalismus nichts im Sinn«, fügt Syed Anwer hinzu, »und sie haben die ewigen Stammeskonflikte satt.« Nur die Rückkehr des Königs Zahir Schah aus dem Exil in Rom könne das Land befrieden. Den Einwand, mit weit über achtzig sei der Monarch zu alt, um eine politische Rolle zu spielen, beantwortet er mit Kopfschütteln: Im Gegenteil, das hohe Alter verleihe dem König Autorität.

Die zarten Keime einer afghanischen Zivilgesellschaft werden nicht nur von grimmigen Kriegsherrn bedroht, sondern auch von religiösen Fundamentalisten, deren eifernde Intoleranz sich von der ihrer westlichen Pendants kaum unterscheidet, auch wenn sie sich eher salbungsvoll geben. »Der Islam lehnt jede Form von Gewalt entschieden ab«, sagt Maulana Fazal-ur-Rehman, ein Vertrauter des obersten Taliban-Chefs Mullah Mohammad Omar und Führer der radikalreligiösen JUI (Jamaat Ulema e-Islami), der mir in der Moschee von Peshawar gegenübersitzt, deren Hauptprediger er ist. Er hat einen schwarzgelockten Bart, geschwungene Lippen und lebhafte, ausdrucksvolle Augen, während er, umgeben von Koranschülern, die jedes seiner Worte mitschreiben, seine religiös verbrämten, extremistischen Ansichten darlegt: »Osama bin Laden ist ein strenggläubiger Moslem, und er weiß, daß Selbstmord eine Todsünde ist. Schon deshalb scheidet Osama als Täter aus. Aber wenn die USA Beweise vorlegen, aus denen hervorgeht, daß er die Anschläge geplant und durchgeführt hat, kommt bin Laden vor Gericht und wird nach den Gesetzen der Scharia bestraft. Präsident Bush sollte mit den Taliban den Dialog aufnehmen, um gemeinsam mit ihnen den Terrorismus zu bekämpfen. Statt dessen stellt er unerfüllbare Forderungen und droht uns mit Krieg«. – »Wir Moslems sind friedliebend,« fährt er in englischer Sprache fort, während durch das offene Fenster die Geräusche des Basars hereindringen, »aber wenn man uns angreift, schlagen wir hart zurück. Ich habe nichts gegen das amerikanische Volk, doch seine Führer sind selbstgerecht und arrogant. Unter Menschenrechten verstehen sie nur die Rechte von Juden und Christen, während sie den Islam mit Füßen treten, und in Afghanistan werden sie das gleiche Fiasko erleben wie einst die Sowjetunion.«

»Osama bin Laden our hero – America dead forever!« steht auf einem Pappschild, das ein kleines Häuflein von Demonstranten beim Verlassen des Basars den Kamerateams entgegenstreckt, mißtrauisch beäugt von Polizisten, die mit Viererketten die Straße abriegeln. An diesem Morgen sind mehr Journalisten als Protestierer in Peshawar unterwegs, und der organisierte Volkszorn wirkt wie eine unfreiwillige Bestätigung des in Pakistan häufig zitierten Spruchs: »Rent your own crowd!«

Das Gegenprogramm zu bestellten Demonstrationen religiöser Parteien, die die Angst der Menschen ausnutzen, ist im Basar von Islamabad zu besichtigen, genauer gesagt: im von afghanischen Flüchtlingen dominierten Teil des Basars. Trotz der in Pakistan allgegenwärtigen Polizei, die die Vertriebenen scharf beobachtet, versammelt sich im Handumdrehen eine Menschenmenge, um ausländischen Reportern die von der Propaganda verfälschte und verzerrte Wahrheit über Afghanistan nahezubringen. »Ich habe keine Angst vor Krieg«, sagt Wahid Pazhman, Vater von zwei Kindern und Elektroingenieur, »im Gegenteil: Wenn der Krieg dazu dient, die Taliban zu stürzen, begrüße ich ihn. Je schneller die Amerikaner losschlagen, desto eher kann ich zurückkehren in mein geschundenes Land. Bin Laden ist in Afghanistan noch verhaßter als die Taliban, und die sind militärisch geschwächt und haben keine Verbündeten mehr.«

»Ich habe trotzdem Angst«, meint Munir Zaher, ein graubärtiger Mann aus Kabul, der in einer Bretterbude selbstgebastelte Drachen verkauft; seine Worte werden von seinem dreizehnjährigen Sohn radebrechend ins Englische übersetzt. »In Afghanistan herrscht seit einem Vierteljahrhundert Krieg, und meine Hoffnung auf Frieden wurde stets aufs neue enttäuscht. – Erst wenn unser König wieder regiert«, fügt Munir Zaher nach kurzem Zögern hinzu, »gehe auch ich nach Kabul zurück.«

Diwan und Despotie

Westöstliche Mißverständnisse

Beim Blick in den tiefen Brunnen der Zeit entdeckt der Betrachter, gespiegelt im schwarzen Wasser, sein eigenes Gesicht. Ich beginne meine Betrachtung über westliche und östliche Erzählstrategien deshalb nicht mit *Madame Butterfly* oder *Prinzessin Turandot,* Rudyard Kipling, Hermann Hesse oder Pierre Loti, die mit ihren Romanen und Erzählungen Europas Wahrnehmung von Asien nachhaltig prägten, sondern 2 500 Jahre früher, am Ursprungsort der europäischen Geschichte. Herodot von Halikarnassos war der erste, der den Logos vom Mythos trennte, was nicht bedeutet, daß seine auf Fakten beruhenden Geschichten (*historiai*) frei von Fiktion sind, im Gegenteil. Aber durch diese Operation – die Trennung von Logos und Mythos – wurde Herodot zum Stammvater der exakten Geschichtsschreibung und Geographie; beide waren damals noch ungeschieden voneinander. Der weitgereiste Grieche, dessen Erfahrungshorizont von den Küsten des Schwarzen Meeres bis nach Libyen und Ägypten reichte, legte erstmals die Grenzen zwischen Europa und Asien fest und begründete damit das Selbstverständnis der europäischen Kultur. Dabei handelte es sich nicht um etwas Naturgegebenes, sondern um etwas künstlich Gesetztes, denn paradoxerweise definierten die Griechen ihre Kultur in schroffer Abgrenzung von einem anderen Kulturvolk indoeuropäischen Ursprungs, dessen militärische Expansion die hellenischen Stadtstaaten in ihrer Existenz bedrohte. Gemeint ist das von Xerxes geführte persische Reich, für Herodot die absolute Negation der athenischen Demokratie, ein

Gottkönigtum, mit dem ein politischer Kompromiß nicht möglich war. Der folgende Dialog (aus dem 7. Buch des Herodot) enthält zahlreiche Elemente dessen, was von der Antike bis zur Gegenwart unter dem Stichwort »asiatische Despotie« durch die europäische Geschichtsschreibung geistert, und zwar unabhängig davon, ob deren Autoren sich zum Christentum oder zum Marxismus, zum Liberalismus oder zum Faschismus bekannten:

»›Abgesandte von Sparta, warum weigert ihr euch, Freunde des Königs zu werden? Wenn ihr euch Xerxes unterwerft, wird er jedem von euch ein Land in Hellas zu regieren geben!‹

Darauf antworteten sie: ›Hydarnes, dein Rat paßt nicht zu uns, denn du verstehst dich nur auf die Knechtschaft, aber die Freiheit hast du noch nicht gekostet, ob sie süß ist oder nicht. Denn hättest du sie gekostet, würdest du uns raten, nicht bloß mit Schwertern, sondern mit Beilen gegen euch zu kämpfen.‹ Also antworteten sie dem Hydarnes. Und als sie vor Xerxes' Angesicht kamen, wollten die Lanzenträger sie zwingen, niederzufallen und den König anzubeten. Die Griechen sagten, das würden sie niemals tun, selbst wenn man sie mit den Köpfen auf die Erde stieße, denn es wäre nicht Sitte bei ihnen, einen Menschen anzubeten. Denn sie duldeten über sich nur einen Herrn, das Gesetz, und das fürchteten sie noch mehr als die Perser ihren König.«[1]

Auch wenn sich die Geschichte vermutlich so nicht zugetragen hat, ist sie doch gut erfunden, ein frühes Beispiel identitätsstiftender Propaganda, die zwei Ziele verfolgt: Die Behauptung der eigenen und die Abwehr einer fremden Kultur.

Wie mächtig das in den zitierten Sätzen enthaltene Pathos der Freiheit auch unter veränderten Umständen nachwirkte, zeigt eine wenig bekannte Episode aus der Zeit Alexanders des Großen, dessen Herrschaft alles andere als demokratisch war. Nach Alexanders Tod zerfiel sein vom Balkan bis zum

Himalaya und vom Mittelmeer bis zum Indus reichendes Imperium in Diadochenstaaten, die nicht nur Botschafter austauschten, sondern auch Waren und Ideen. Im Zuge dieses westöstlichen Kulturaustauschs bat der indische König Bindusara, der Vater des berühmten Aschoka, den griechischen Gesandten, ihm neben Wein und Feigen auch einen Philosophen zu schicken. Als Dionysios – so hieß der Gesandte – dem König darlegte, die Philosophen seien keine Untertanen der Regierung, sondern freie Bürger, schlug Bindusara ihm vor, einen Philosophen zu kaufen: Er zahle jeden gewünschten Preis. Daraufhin erklärte ihm der Botschafter, richtige Philosophen seien nicht käuflich, nur die Sophisten seien käuflich, aber die sagten nicht die Wahrheit, sondern nur das, was ihre Auftraggeber von ihnen hören wollten.[2]

Etwa zur gleichen Zeit soll der im Punjab herrschende griechische König Menander, auf Sanskrit Milinda genannt, zum Buddhismus übergetreten sein, nachdem ihn der Mönch Nagasena in einem Streitgespräch von der Überlegenheit seiner Lehre überzeugt hatte, wie es in einem vielzitierten Pali-Text heißt; schon damals war der Kulturaustausch zwischen Europa und Asien keine Einbahnstraße.[3]

1 500 Jahre später reist der flämische Franziskanermönch Wilhelm von Rubruk im Auftrag des französischen Königs Ludwig des Heiligen in die Hauptstadt des mongolischen Reichs, Karakorum, um den Führer der Goldenen Horde, Dschingis Khans Enkel Möngke Khan, zum Christentum zu bekehren. Der adlige Bettelmönch geht unbewaffnet und allein auf die gefährliche Wanderschaft, nicht als Kaufmann und Diplomat wie Marco Polo, der mit militärischem Geleitschutz und prunkvollem Gefolge reist, sondern als Missionar. Wilhelm von Rubruk hat von der religiösen Toleranz der Mongolen gehört und will den katholischen Glauben unter ihnen verbreiten mit demselben strategischen Ziel, das 240 Jahre später auch Christoph Kolumbus auf dem Seeweg

nach Indien verfolgt: Den Großkhan als Verbündeten gegen den Islam zu gewinnen, der vom Nahen Osten her das christliche Abendland bedroht. Beide verfahren dabei nach einem bis heute gültigen Motto, das noch Richard Nixon zum Kotau vor Mao Tse-tung bewog: *Der Feind meines Feindes ist mein Freund.* Der Zeitpunkt für Wilhelm von Rubruks Reise war gut gewählt. Noch hatten die Mongolen China nicht erobert; der östliche Teil der Goldenen Horde war noch nicht zum Buddhismus übergetreten, ihr westlicher Teil bekannte sich noch nicht zum Islam. Die Mongolen hatten die nomadische Lebensweise noch nicht aufgegeben und praktizierten noch immer die schamanistischen Riten ihrer Vorfahren. Karakorum, die Hauptstadt des größten Reichs der damaligen Welt, war ein Dorf, das Lager eines gewaltigen Reiterheeres, in dessen Troß Künstler und Handwerker aus zahlreichen Ländern Asiens und Europas ihrer Arbeit nachgingen wie jener Goldschmied aus Paris, dessen Sohn Wilhelm von Rubruk als Dolmetscher diente. Als der Großkhan ihn nach wochenlanger Wartezeit am Pfingstsonntag, dem 31. Mai 1254, zur Audienz empfing, war Möngke enttäuscht, weil der Abgesandte des christlichen Königs nicht gekommen war, um sich der mongolischen Weltmacht zu unterwerfen, sondern um ihn zu seinem Glauben zu bekehren. Aber er ließ sich auf den theologischen Disput ein. Dabei zeigte sich, daß der Großkhan über die Religion seines Gastes – den Streit zwischen katholischen Christen, Orthodoxen und Nestorianern – genauer informiert war als dieser über die Sitten und Gebräuche seiner Gastgeber.

»Als ich vor den Khan kam, mußte ich die Knie beugen. Dann sprach der Khan zu mir: ›Nun sagt mir die Wahrheit, ob Ihr neulich, als ich meine Schreiber zu euch schickte, gesagt habt, ich sei ein Götzendiener.‹ Darauf erwiderte ich: ›Herr, das habe ich nicht gesagt.‹ Und er antwortete: ›Das dachte ich mir wohl, daß Ihr es nicht gesagt habt; vielmehr hat es Euer Dolmetscher schlecht übersetzt.‹ Er reichte mir den Stab, auf den er sich stützte, und sagte: ›Fürchtet euch nicht!‹ Und ich sagte lächelnd und leise: ›Wenn ich mich fürchtete, wäre ich nicht zu Euch gekommen.‹

Danach fuhr er fort: ›Wir Mongolen glauben, daß es nur einen Gott gibt. Aber wie Gott der Hand verschiedene Finger gegeben hat, so hat er den Menschen verschiedene Wege gegeben. Euch hat Gott heilige Schriften gegeben, doch ihr Christen haltet sie nicht ein. Denn in euren Schriften steht nicht, daß einer den andern schelten soll, oder doch?‹ Ich sagte: ›Nein, aber ich habe Euch von Anfang an zu verstehen gegeben, daß ich mit niemandem streiten will.‹ Er sagte: ›Das meine ich nicht. Gott hat euch also Schriften gegeben, aber ihr haltet sie nicht ein. Uns aber hat er Weissager gegeben, und wir tun, was sie uns sagen, und leben in Frieden.‹ Dann schwieg er und machte eine lange Pause, wie wenn er nachdächte. Endlich sagte er: ›Du hast eine weite Reise zu machen, stärke dich mit Nahrung, damit du rüstig in dein Land zurückkehren kannst‹, und ließ mir zu trinken geben. Danach ging ich von seinem Angesicht weg und kam nicht wieder.«[4]

Obwohl das kulturelle Mißverständnis nicht zu übersehen ist – dem Khan imponiert Rubruks Mut, aber dessen religiöse Botschaft erreicht ihn nicht – findet doch so etwas wie interkulturelle Kommunikation statt. In der folgenden Szene, die 1691 am Hof des japanischen Schogun in Edo spielt, kann davon nicht mehr die Rede sein. An die Stelle des direkten Dialogs tritt ein stummes Ritual, das auf die europäischen Besucher ebenso peinlich wie lächerlich wirkt:

»Kaum war der Kaiser erschienen, als man überlaut rief: *Hollanda Capitain!* zum Zeichen, daß er näher herantreten und die Reverenz ablegen sollte, worauf er zwischen dem Ort der Geschenke und dem hohen Sitzplatz seiner

Majestät auf Händen und Knien herbeikroch, das Haupt auf den Boden neigte und in selbiger Positur wie ein Krebs, ohne den geringsten Wortwechsel, wieder zurückkroch. Was der Kaiser redete, mußte Bingo aus seinem Munde annehmen und an unseren Dolmetscher, dieser aber wieder an uns Holländer überbringen, nachdem man folgende läppische Fragen an uns getan: Wie alt ein jeder von uns sei, wie sein Name, und wie weit Holland von Batavia und Batavia von Nagasaki entfernt sei? Ob es in Holland besondere Krankheiten gebe, wie lange die Frauen dort schwanger gingen, ob dort noch mehr schwarze Menschen wie unser Sklave Moses lebten oder andere, die schwärzer seien als er? Dann veränderte der Kaiser seinen Platz und rückte näher an uns heran hinter der Hängematte, die ihn den Blicken entzog. Wir mußten Mäntel und Ehrenkleider ablegen und aufrecht sitzen, damit man uns besser sehen konnte, bald aufstehen und spazieren, bald miteinander komplimentieren, tanzen, springen, wie Betrunkene herumtorkeln, Japanisch und Holländisch sprechen, lesen, malen, unsere Kleider an- und ausziehen und Mann und Frau spielen, worüber die Hofdamen wegen des Kusses herzlich lachten. Zum Schluß mußten wir ein Lied anstimmen und einer nach dem anderen vor die Hängematte treten und förmlich Abschied nehmen wie von einem Monarchen in Europa. Solche Affenstreiche mußten wir uns gefallen lassen, auf des Kaisers Verlangen auszuüben.«[5]

Wie sehr diese zwischen Abscheu und Bewunderung pendelnde Schilderung des japanischen Hofzeremoniells die Phantasie der Zeitgenossen erregte, zeigt die Tatsache, daß der zitierte Text im 18. Jahrhundert mehrfach nachgedruckt und ins Englische und Französische übersetzt worden ist. Noch Goethe verdankte seine beschränkte Kenntnis Japans unter dem Schogunat diesem Bericht des deutschen Arztes und Naturforschers Engelbert Kaempfer, der 1691/92 im

Auftrag der Holländisch-Ostindischen Kompanie in Nagasaki weilte. Anders als die meisten europäischen Reisenden aber zeigte sich Goethe nicht moralisch schockiert, sondern ästhetisch fasziniert von der fremden Kultur, die er nicht an der Elle christlicher Rechtgläubigkeit und deutscher Rechtschaffenheit maß. Goethes Verhältnis zur asiatischen Despotie war ambivalent, denn er war sich der Relativität der europäischen Wertmaßstäbe stets bewußt und begrüßte den universellen Anspruch von Hinduismus, Buddhismus und Konfuzianismus nicht als Negation des christlich-antiken Humanitätsideals, sondern als dessen Erweiterung und Bereicherung, ohne die Goethes Konzept der Weltliteratur nicht denkbar gewesen wäre. Die reinste Verwirklichung dieses Konzepts war sein *Westöstlicher Diwan*, das seltene Beispiel einer *nicht-hegemonialen* Aneignung einer fremden Kultur, die Goethe der eigenen als gleichberechtigt gegenüberstellte. In den *Noten und Abhandlungen zum besseren Verständnis des westöstlichen Diwans* schrieb er unter dem Stichwort *Despotie*:

> »Überhaupt pflegt man bei Beurteilung der verschiedenen Regierungsformen nicht genug zu beachten, daß in allen, wie sie auch heißen, Freiheit und Knechtschaft zugleich polarisch existiere. Steht die Gewalt bei einem, so ist die Menge unterwürfig, ist die Gewalt bei der Menge, so steht der einzelne im Nachteil; dieses geht denn durch alle Stufen durch, bis sich vielleicht irgendwo ein Gleichgewicht, jedoch nur auf kurze Zeit, finden kann. [...] Wie man denn niemals mehr von Freiheit reden hört, als wenn eine Partei die andere unterjochen will. [...] Freiheit ist die leise Parole heimlich Verschworner, das laute Feldgeschrei der öffentlich Umwälzenden, ja das Losungswort der Despotie selbst, wenn sie die unterjochte Masse gegen den Feind anführt und ihr von auswärtigem Druck Erlösung auf alle Zeiten verspricht.«[6]

Immer wenn im *Westöstlichen Divan* von asiatischer Despotie oder von Timor dem Eroberer die Rede ist, war Napoleon gemeint, den Goethe, anders als die patriotisch bewegte Jugend der Befreiungskriege, offen bewunderte, weil er als *Weltgeist zu Pferde* (Hegel) die Prinzipien der Französischen Revolution – Freiheit, Gleichheit, Brüderlichkeit – über ganz Europa verbreitet hatte. Dabei war Goethe kein jakobinischer Revolutionär, und die seinem Werte-Relativismus zugrundeliegende Toleranz schloß den freiwilligen Kotau vor einem Tyrannen aus, wie ihn die deutsche Schriftstellerin Luise Rinser 170 Jahre später bei ihrem Besuch in Nordkorea vollzog:

> »Das Volk muß wie ein Block hinter einem Führer stehen. Jede Abweichung wäre Schwächung der Verteidigungskraft. Daher die Ausrichtung auf eine einzige Persönlichkeit, die das Symbol der Einheit ist. Daher die Sicherung der Nachfolge. Daher die für westlichen Geschmack so unerträgliche Erziehung zu einheitlichem Denken. Darum all das, was uns, vom sicheren westlichen Zuschauerplatz aus, *als tyrannische Diktatur nur erscheint.* Kim Il Sung will nichts als Frieden. [...] Kein anderes Land, zumindest der Dritten Welt, hat so viele positive Züge wie Nordkorea: Keine Arbeitslosen, keine Wohnungsnot, keine Mafia, keine Korruption, keine Art von Armut, keine Drogensucht, keine nennenswerte Kriminalität, keinen Alkoholismus, kein Einsamkeitssyndrom, keine Chaotik, keine Zerstörung ethischer und humaner Werte. Dies wenigstens muß anerkannt werden, und es ist sehr viel; *wir wären froh, wenn es im Westen so wäre; könnte man eine Einbuße an individueller Freiheit dafür nicht in Kauf nehmen?*«[7]

Die unbegriffene Nazi-Vergangenheit holt Luise Rinser ein, denn bei Worten wie *Volk* und *Führer* denken deutsche Leser unwillkürlich an Hitler, aber auch an Stalin, dessen Personenkult hier, 24 Jahre nach der Entstalinisierung, wiederaufersteht. Die Behauptung, in Nordkorea gebe es weder Arbeitslosigkeit, noch Drogen und Korruption, klingt ungewollt zynisch angesichts eines totalitären Systems, das Hunderttausende verhungern läßt und, unter Berufung auf den weisen Führer, schwerste Menschenrechtsverletzungen begeht. Die sozial engagierte Christin Luise Rinser gerät in gefährliche Nachbarschaft zu Neo-Nazis und Alt-Stalinisten, wenn sie den Defiziten der Demokratie die Diktatur als Allheilmittel gegenüberstellt. Dabei hätte sie Herodot eines Besseren belehren können, dessen Warnungen vor autokratischer Herrschaft am Anfang dieser Überlegungen standen. Das folgende Plädoyer für Demokratie hat Herodot interessanterweise nicht einem Griechen, sondern einem Perser in den Mund gelegt:

> »Ich bin der Meinung, daß nicht wieder ein Einziger unser Herr werden muß, denn das ist weder erfreulich noch gut. Wie kann auch die Alleinherrschaft etwas Gutes sein, die da tun kann, was ihr beliebt, ohne Verantwortlichkeit? Ja, wenn man auch den besten Mann auf diese Stelle setzte, so würde sie ihn bald von seinen gewohnten Gesinnungen abbringen: Er stößt die väterlichen Gesetze um, tut den Weibern Gewalt an und tötet ohne Urteil und Recht. Wo aber die Gemeinschaft regiert, tut sie nichts von dem, was der Alleinherrscher tut: Sie bestimmt die Obrigkeit durch das Los, legt Rechenschaft ab von ihrer Verwaltung und faßt ihre Beschlüsse gemeinschaftlich. Dann herrschen Freiheit und Gleichheit, weil alles dem Volk gehört.«[8]

Das Zitat ist aufschlußreich in doppelter Hinsicht. Zum einen war Sparta, dessen Abgesandte dem Perserkönig eine Lektion in Demokratie erteilen wollten, eher eine Militärdiktatur als ein demokratisch regierter Staat; zum anderen schuf Herodot damit ein Paradigma, das zweieinhalbtausend Jahre lang, von den Perserkriegen bis zu Samuel Huntingtons *Clash of Civilisations,* nachgewirkt hat, unabhängig davon, ob die zitierte

Geschichte sich so oder anders zugetragen hat. Die dramatisch inszenierte Gegenüberstellung von Abgesandten einer griechischen Polis mit einem Satrapen des persischen Gottkönigs wird zugespitzt zur Konfrontation von europäischer Demokratie und asiatischer Despotie, obwohl – und darin liegt eine weitere Ironie des Texts – Herodot immer wieder betonte, daß die Griechen ihre Kultur und Religion, Philosophie und Wissenschaft aus Ägypten und dem Vorderen Orient übernommen hatten. Die von Kaisern und Päpsten periodisch beschworene Angst vor dem Ansturm asiatischer Horden: Hunnen, Mongolen oder Türken, nimmt Herodot ebenso vorweg wie die Warnung vor den »Blauen Ameisen oder der »Gelben Gefahr« (»Ich sage nur eins: China, China, China!« rief der damalige Bundeskanzler Kurt Georg Kiesinger 1966 im Bonner Bundestag), oder, heutzutage, die Auseinandersetzung zwischen islamischem Fundamentalismus und westlicher Demokratie.

Aufschlußreich ist, daß die Dämonisierung der aus Asien drohenden Gefahr nicht nur am rechten Ende des politischen Spektrums anzutreffen ist, sondern ebenso auf Seiten der Linken, wobei rassistische Geringschätzung der Anderen Hand in Hand gehen kann mit Bewunderung für die tiefe Weisheit der asiatischen Kultur. So hat kein geringerer als Karl Marx die britische Politik in Indien gerechtfertigt mit Argumenten, wie sie fast ebenso von einem überzeugten Rassisten hätten vorgebracht werden können, und dies, obwohl Marx sich keine Illusionen machte über die negativen Folgen der Kolonialherrschaft. Noch dazu erschien sein Artikel 1853 in einer amerikanischen Zeitung, der NEW YORK DAILY TRIBUNE, die dem britischen Empire äußerst kritisch gegenüberstand:

»Sosehr es auch dem menschlichen Empfinden widerstreben mag, Zeuge zu sein, wie Myriaden betriebsamer patriarchalischer und harmloser sozialer Organisationen zerrüttet und in ihre Einheiten aufgelöst werden, hineingeschleudert in ein Meer von Leiden, wie zu gleicher Zeit ihre einzelnen Mitglieder ihrer alten Kulturformen und ihrer ererbten Existenzmittel verlustig gehen, so dürfen wir doch darüber nicht vergessen, daß diese idyllischen Dorfgemeinschaften seit jeher die feste Grundlage des asiatischen Despotismus gebildet haben, daß sie den menschlichen Geist auf den denkbar engsten Gesichtspunkt beschränkten, ihn zum gefügigen Werkzeug des Aberglaubens, zum unterwürfigen Sklaven traditioneller Regeln machten und ihn jeglicher Größe und geschichtlicher Energien beraubten. [...] Gewiß war schnödester Eigennutz die einzige Triebfeder Englands, als es eine soziale Revolution in Indien auslöste, und die Art, wie es seine Interessen durchsetzte, war stupid. Aber nicht das ist hier die Frage. Die Frage ist, ob die Menschheit ihre Bestimmung erfüllen kann ohne eine radikale Revolutionierung der sozialen Verhältnisse in Asien.«[9]

Die Konvergenz von rechtem und linkem Denken wird noch deutlicher am Beispiel von Karl August Wittfogel, der die verstreuten Äußerungen von Marx und Engels zur *asiatischen Produktionsweise* erstmals zusammenfassend untersucht und systematisiert hatte im Auftrag des Frankfurter Instituts für Sozialforschung und der Moskauer Komintern, bevor er Anfang der 30er Jahre in Ungnade fiel, weil die Parallelen zwischen Stalins Herrschaft und orientalischer Despotie unübersehbar geworden waren. Nach vorübergehender Inhaftierung in einem NS-Konzentrationslager emigrierte Wittfogel 1934 in die USA, wo er sich vom Marxisten zum fanatischen Antikommunisten wandelte und in Aussagen vor dem McCarthy-Komitee seine akademischen Kollegen und Konkurrenten als Krypto-Kommunisten denunzierte – darunter namhafte Orientalisten wie Lattimore und Norman, der 1957 Selbstmord beging. Wittfogels im gleichen Jahr erschienenes Hauptwerk *Oriental Despotism* läßt kaum noch Spuren der marxistischen Überzeugungen seines Autors erkennen, aber das umfangreiche Buch imponiert durch die enzyklopädische Fülle des in lebenslanger Arbeit zusammengetragenen Materials. Dabei ist Wittfogels Hauptthese so eigenwillig, daß sie einer fixen Idee gleichkommt. Vom alten China und Ägypten über Azteken, Inkas und Mayas bis zu Hitler, Stalin und Mao Tse-tung werden die disparatesten historischen Erscheinungen unter den Begriff des »hydraulischen Staats« subsumiert, der die Bevölkerung versklavt, um die zur Ausübung seiner Herrschaft nötigen Wasserwege und Straßen zu bauen: Hitlers Autobahnen gehören ebenso hierher wie die auf Befehl Stalins, Maos oder Pol Pots errichteten Kanäle, Stauseen und Dämme. Obwohl sich bei Marx die Theorie der asiatischen Produktionweise eindeutig auf vorkapitalistische Wirtschafts- und Gesellschaftsformationen bezog, überträgt Wittfogel sie auf moderne Industriestaaten, wobei sein Denken die Verwandtschaft mit Karl Haushofers Geopolitik, die Hitlers Kriegsführung motivierte, und Oswald Spenglers Kulturkreistheorie nicht verleugnet, die in neuem Gewand bei Samuel Huntington wiederkehrt. Gleichzeitig gibt es Querverbindungen von Wittfogels Idee vom hydraulischen Staat zu Hannah Arendts Ende der 40er Jahre konzipierter Totalitarismustheorie. All das zeigt, daß Asien noch immer, wie schon zu Lebzeiten Herodots, als Projektionsfläche für europäische Wünsche und Ängste dient: Ein Begriff wie »orientalische Despotie« sagt mehr über seinen Absender als über seinen Adressaten aus. Es gibt keinen genetischen Code, der die Asiaten auf ewig dazu verdammt, unter diktatorischer Herrschaft zu leben, genausowenig wie alle Europäer geborene Demokraten sind – das liefe auf ein Weltbild hinaus, in dem die Völker Geiseln ihrer unbegriffenen Geschichte sind. Aber es gibt ein kulturelles Erbe, das die kritiklose Unterordnung der Jugend unter das Alter, der Frauen unter die Männer und des einzelnen unter das Kollektiv begünstigt – Konfuzianismus ist ein anderes Wort dafür. So besehen enthält die Gegenüberstellung von westlicher Demokratie und östlicher Despotie trotz ihrer Fragwürdigkeit einen rationalen Kern, der sich nicht auf eine bloße Phantasmagorie reduzieren läßt, weil auch im gröbsten Klischee ein Element von Wahrheit steckt.

Anmerkungen

1 Herodot: *Geschichten*, Herausgegeben von Hermann Strasburger, Frankfurt/Main 1961, Buch VII, S. 138, 145

2 Zitiert nach Dr. S. Lefmann: *Geschichte des alten Indiens*, Berlin 1890, S. 761 Anm.

3 Siehe hierzu das Standardwerk von A. K. Narain: *The Indo-Greeks*, Oxford 1957

4 Arno Bost: *Lebensformen im Mittelalter*, Berlin 1979, S. 639 f.

5 Zitiert nach dem Typoskript von Wolfgang Michel: *Prostratio und Pickelheringsreigen – Engelbert Kaempfers Erlebnisse im Schloß zu Edo und deren Hintergrund*. Asiatische Germanistentagung, Fukuoka 24. 8. 1999

6 Johann Wolfgang Goethe: »Noten und Abhandlungen«, in: *Der Westöstliche Diwan*, München 1961, S. 168 (dtv Gesamtausgabe Bd. 5)

7 Luise Rinser: *Nordkoreanisches Reisetagebuch. Aktualisierte Ausgabe*, Frankfurt/Main 1983, S. 12 f. Hervorhebung von mir.

8 Herodot, op. cit., Buch III, S. 85 f.

9 Karl Marx: »Die britische Herrschaft in Indien« (1853), zitiert nach Gianni Sofri: *Über asiatische Produktionsweise. Zur Geschichte einer strittigen Kategorie*, Europäische Verlangsanstalt, Frankfurt/Main 1972, S. 29

Wie ich die Chinesische Mauer erklomm

Eine Postkarte aus Peking

Xingiao Hotel, Beijing, Oktober 2000

Seit drei Tagen bin ich in Peking, und noch vor zwei Stunden bin ich keuchend die Große Mauer hinauf- und hinuntergestiegen, gerutscht und geklettert, denn es handelt sich um eine Form von Alpinismus, der direkt in die Wolken führt und über sie hinaus. Die taoistische Naturmetaphorik von Himmel und Erde, Wasser und Wolken nimmt hier leibhaftig Gestalt an, und die Bergkette nördlich von Peking sieht aus wie von einem chinesischen Maler hingetuscht. Die Täler versanken im Nebel, während ich zusammen mit Hunderten lachender und singender Schulkinder, die aus Anlaß des Nationalfeiertags die Sehenswürdigkeiten der Hauptstadt besichtigten, wie auf einer Jakobsleiter auf steilen Stufen in den Himmel stieg, begleitet von schriller Musik aus der Pekingoper, die aus verborgenen Lautsprechern drang. Die Mauer war in ein Meer von Fahnen getaucht, nicht die roten Fahnen der Revolution, sondern Feldzeichen und Standarten aus der Zeit der Ming-Dynastie, als die Nordgrenze befestigt wurde zum Schutz Pekings vor barbarischen Horden – die frühesten Bauabschnitte stammen aus der Zeit des Gelben Kaisers und sind über 2000 Jahre alt.

Ich war der einzige Ausländer in dem ramponierten Minibus aus volkseigener Produktion, der uns am Fuß der Mauer in Badaling absetzte, der ersten Haltestelle der von Peking nach Moskau fahrenden Eisenbahn. Außer mir war ein westlich gekleidetes Ehepaar aus Hongkong im Bus, dessen kleine Tochter jedesmal wegschaute, wenn ich sie ansah, und mich neugierig anguckte, sobald ich den Blick abwandte, sowie ein Bauer aus einer entlegenen Provinz, der trotz des Verbots Kette rauchte und seinen in einen Matrosenanzug gezwängten Sohn Reiskuchen in den Mund stopfte – die beiden schienen einem Karl-Valentin-Film entsprungen zu sein. In einem unbeaufsichtigten Moment setzte sich das übergewichtige Kind auf mein Diplom mit dem mehrsprachigen Text I CLIMBED THE GREAT WALL, das ich am höchsten Punkt der Mauer für viel Geld erworben hatte, und sein Vater entschädigte mich mit einem süßsauren Bonbon für den Verlust.

Es war nicht mein erster Besuch in Peking, aber die Stadt war nicht mehr wiederzuerkennen. Fünfzehn Jahre zuvor waren die Straßen noch erfüllt vom leisen Klingeln der Fahrräder, auf denen Millionen Menschen in Ballonmützen und wattierten Jacken, Mullbinden vor der Nase zum Schutz vor dem aus Fabrikschloten quillenden Kohlenstaub, zur Arbeit fuhren; außer Militärlastwagen und Bussen, Dienstwagen und Taxis waren damals kaum Autos unterwegs. Heute herrscht ein von Hupkonzerten begleiteter, permanenter Verkehrsstau, durch den sich Feuerwehr und Polizei nur mühsam einen Weg bahnen – private PKW sind längst eine Selbstverständlichkeit. Chinas Wirtschaft brummt wie ein Pandabär, und seine Hauptstadt platzt aus allen Nähten vor neureicher Vitalität, von der, anders als in Moskau, auch für die Armen etwas abzufallen scheint. Beim Gang über den Tien-An-Men-Platz kam ich aus dem Staunen nicht mehr heraus. An allen Ecken wurde in Garküchen gesotten und gebraten, an improvisierten Marktständen gehandelt und gefeilscht: Passanten standen vor nachgemachten Adidas-Schuhen, Benneton-Pullovern und Rolex-Uhren Schlange, die am Straßenrand zum Verkauf auslagen, oder sie schlangen, im Rinnstein hockend mit angezogenen Knien, dampfende Nudelgerichte in sich hinein. Geröstete Süßkartoffeln und gegrillte Maiskolben fanden reißenden Absatz, während die den Weg zum Mao-Mausoleum säumenden Verkäufer von roten Fahnen, Büchern und Medaillons des Großen Vorsitzenden vergeblich nach Kundschaft Ausschau hielten: Nur westliche Touristen waren an den Ladenhütern der Kulturrevolution noch interessiert. Als offizielle Ideologie spielt der Maoismus heute eine ähnliche Rolle wie die Bergpredigt in den Verlautbarungen der CDU: Ein Lippenbekenntnis, das von Parteirednern rituell beschworen wird, um ihre ganz anders geartete Politik mit einem moralischen Mäntelchen zu kaschieren. Nicht die Demokratie, der Kapitalismus hat sich in China durchgesetzt, und die Sieger der Geschichte heißen Ikea, Siemens, Wella und Volkswagen, um nur die geläufigsten Namen zu nennen. An Stelle der 1989 von Demonstranten errichteten Freiheitsstatue wird der Tien-An-Men-Platz heute vom Logo eines McDonald's-Restaurants überstrahlt, in dessen Drehtür sich Touristen und Einheimische drängen auf der Suche nach sauberen Toiletten, die in Peking eine Seltenheit sind. (Die Entsorgung der Fäkalien von fünfzehn Millionen Menschen stellt die Stadtverwaltung vor ein kaum lösbares Problem, so wie ein Parlament, das nicht Hunderte, sondern Zehntausende von Abgeordeten in der Großen Halle des Volkes versammelt, schon aufgrund der schieren Zahl nicht rechtsstaatlich funktionieren kann.) Nach Chinas ökonomischer Modernisierung steht die politische weiterhin aus; das Land ist steckengeblieben auf halbem Weg zwischen Totalitarismus und Demokratie, aber trotz des harten Durchgreifens gegen Dissidenten, Mitglieder demokratischer Parteien und Anhänger der Falun-Gong-Sekte führt kein Weg zurück zur Diktatur des Proletariats.

P.S.: »Mao Tse-tung ist nach wie vor oder schon wieder populär,« sagt der Philosoph Xi Chuan, der den Essaywettbewerb der Zeitschrift LETTRE INTERNATIONAL gewonnen hat. »Er hängt als Talisman an allen Autorückspiegeln und soll die

Insassen vor Unfällen schützen.« Meine Frage, warum Pekinger Passanten sich rücksichtslos vordrängeln und Schaufenster und Vitrinen mit Fingerabdrücken beschmutzen, beantwortet er mit dem Hinweis auf Hungersnöte, die es in China immer wieder gab: Wer diszipliniert wartet, steht am Ende mit leeren Händen da. Grenzen der Globalisierung: Zwar sehen viele Chinesen ihre eigene Geschichte heute mit fremden Blick, meint Xi Chuan, so wie Bertolucci sie in dem Film *Der letzte Kaiser* inszeniert hat, aber die Bestseller von Stephen King sind hierzulande ein Flop – was Amerikaner gruselig fänden, erscheint chinesischen Lesern einfach nur lächerlich.

Der Anblick von Ausländern tut Japanern weh

»Ich verzehrte etwas Schwarzes, Knuspriges und Schlüpfriges, aber ich weiß nicht, was es war. Ich geriet an etwas Süßes, eine Birne, schien es mir, die mit roter Tunke übergossen war. Dann knirschte etwas Salziges, Feuchtes zwischen den Zähnen. Das Salzige war Rettich, der den Japanern das Salz ersetzt. In einer blauen Porzellanschale schwamm etwas Teigiges [...] Daneben lag ein gebratener Fisch mit hochgebogenem Schwanz und Kopf. Ich wollte die Hand nach ihm ausstrecken, als der zweite Bevollmächtigte meine Bewegung bemerkte. ›Diesen Fisch reicht man bei uns zu jeder Mahlzeit‹, sagte er, ›aber man verzehrt ihn niemals bei Tisch, sondern schickt ihn den Gästen zusammen mit dem Konfekt nach Hause.‹
Da stand nun ein ordentliches Gericht vor einem, und das durfte man nicht essen!«

Diese 1854 notierten Sätze aus Iwan Gontscharows Briefen von seiner Weltumseglung an Bord der Fregatte »Pallas« sind aufschlußreich in doppelter Hinsicht: Zum einen nimmt der Autor des *Oblomow* hier beim Versuch, Fremdes auf Vertrautes zurückzuführen, die Erzähltechnik Franz Kafkas vorweg, zum anderen beschreibt er einen Kulturschock, dem westliche Reisende in Japan noch immer ausgesetzt sind.

Obwohl der Inselstaat heute »moderner« wirkt als Europa, verbirgt sich hinter der Fassade einer durch und durch amerikanisierten Gesellschaft eine jahrhundertealte Tradition, die Japan wie einen fremden Planeten erscheinen läßt: Ein Paralleluniversum, wo alles vertraut und doch vollkommen anders ist. Das beginnt mit dem Essen, das ausländische Besucher ratlos macht, weil die gewohnte »Sättigungsbeilage« fehlt; selbst sushikundige Gäste wissen oft nicht, ob sie Obst oder Gemüse, Fleisch oder Fisch vor sich haben, und die Auskunft, es handle sich um Krebskäse oder Fischwurst klingt nicht sehr erhellend: Ganz abgesehen davon, daß stundenlanges Hantieren mit Eßstäbchen an niedrigen Tischen im Lotussitz selbst gelenkige Reisende vor Probleme stellt.

Da Straßenschuhe nicht nur vor Betreten einer Pagode oder eines Schinto-Schreins, sondern auch in Privathäusern, Herbergen und Hotels ausgezogen und vor dem Gang zu Bad oder Toilette gewechselt werden müssen, sind die Gaijins – ein japanisches Schimpfwort für Ausländer – ständig mit dem Anprobieren neuer Pantoffeln beschäftigt. Diese wandern von einem Benutzer zum nächsten, was der Fußhygiene nicht gerade förderlich ist. Aus japanischer Sicht sind alle Ausländer schmutzig, und der Anblick eines Touristen, der in Straßenschuhen zur Toilette geht, schockiert sie mehr als der eines Einheimischen, der in der U-Bahn ein Pornomagazin liest. Und während im Onsen, dem traditionellen Gemeinschaftsbad, jeder nackt ist, schlagen im Bus oder im Aufzug alle züchtig die Augen nieder. Spontaner Blickkontakt ist in Japan ebenso verpönt wie direkte Anrede: Ein Distanzgebot, das nicht allein durch Überbevölkerung verursacht wird, sondern in einer kulturellen Tiefenschicht wurzelt – das Schamgefühl wird Japanern ebenso antrainiert wie protestantischen Deutschen der Schuldkomplex.

Ausländische Besucher bewegen sich auf dünnem Eis, da sie ständig Gefahr laufen, ihre Gastgeber unwissentlich zu beleidigen. Wie soll man beispielsweise mit einem Germanistikprofessor sprechen, der Goethes Gesammelte Werke auf japanisch übersetzt hat, aber keinen fehlerfreien deutschen Satz sagen kann? Spontane Ansprache ist zu vermeiden, da sie den Angeredeten in Verlegenheit bringen und dessen Wissenslücken offenbaren könnte, und offener Widerspruch ist verpönt, denn Ziel des Gesprächs ist die Herstellung ungetrübter Harmonie. Alles andere käme einem Gesichtsverlust gleich, so daß der Professor lieber vornehm schweigt, was in Japan als Ausweis höchster Klugheit gilt, der Kommunikation aber nicht gerade förderlich ist. Schon 1691 reagierte der deutsche Arzt Engelbert Kaempfer mit Befremden auf das seltsame Ritual, dem er sich bei seiner Audienz am Kaiserhof in Edo unterziehen mußte.

Vom Lächerlichen ist es nicht weit zum Erhabenen: Trotz seines Unmuts über das, was Kaempfer als Affenstreiche und Narrenpossen bezeichnete, war er fasziniert vom Hofzeremoniell der Japaner und vom ästhetischen Raffinement ihrer Kultur. Daß positive wie negative Faszination, mitsamt den daraus erwachsenden kulturellen Mißverständnissen, zwei Seiten derselben Sache sind, zeigt der folgende, nicht etwa satirisch gemeinte Essay über Deutschland und die Deutschen des an der Chuo-Universität lehrenden japanischen Germanistikprofessors Ohio Takashi:

> Die für Deutsche typischen Eigenschaften sind, daß sie einander die Hände schütteln, diskutieren, Termine und Verträge einhalten und schnell Auto fahren. Aber ich möchte über ihre rassischen Eigenschaften sprechen: Deutsche Männer haben auf der Brust viele Haare, und deutsche Frauen haben nicht nur an Armen und Beinen, sondern auch unter der Nase welche (Lippenbart). Sie haben eine weiße Haut, aber im Vergleich zu Japanern ist die Haut der Deutschen rauh. Im allgemeinen sind sie größer als Japaner. Aber die Menschen in Nordeuropa und am Obernil sind größer als die Deutschen, während Norddeutsche größer und schlanker als Süddeutsche sind. Sie haben breite, eckige Schultern, dicke Brustkörbe und lange Beine. Deut-

sche Frauen haben üppige Busen und Becken, die im Vergleich zu denen der Japanerinnen unvergleichlich breit sind. Ich bin 172 cm groß und wiege 79 kg. In Japan gelte ich als übergewichtig, aber eine deutsche Krankenschwester nannte mich »ein schlankes Japanerchen«.
Es stimmt nicht, daß alle Deutschen blond sind. Ihr Haar ist schwarz, rot, braun oder goldfarben und weicher als das der Japaner. Allerdings habe ich die Haare deutscher Frauen nicht oft berührt. Im Unterschied zur japanischen Literatur wird in deutschen Romanen ständig die Augenfarbe erwähnt. Die Deutschen haben große Augen, und ihre Augengruben sind tief. Deshalb ist ihr Blick sehr scharf. In der Abenddämmerung, wenn die Japaner Licht machen, lesen die Deutschen Bücher und Zeitschriften: Nicht etwa, weil sie sparsam oder geizig sind, sondern weil sie in der Dunkelheit besser sehen als wir. Bei Sonnenschein setzen sie Sonnenbrillen auf.
Deutsche haben dickere Köpfe als Japaner, doch ihre Lippen sind dünner als die der Afrikaner und Asiaten. Im Gegensatz dazu haben sie große und hohe Nasen, aber weil sie in einem kalten Klima leben, sind ihre Nasenlöcher sehr eng. Die Gesichter der Deutschen sind schattenreicher als die der Japaner. Sie haben einen widerstandsfähigen Magen, der viel Alkohol, Fett und Stress verträgt. Ihr starker Magen beweist, daß die Deutschen früher ein Jägervolk waren. Es macht ihnen nichts aus, eine oder zwei Mahlzeiten ausfallen zu lassen, aber sie schlingen mühelos ein Zwanzigstel ihres Körpergewichts an Fleisch herunter, und das sogar ohne Gemüse! Wenn ich Deutsche zu einer Party einlade, wird das Büffet blitzschnell geleert. Ohne Unterschied von Alter, Bildungsniveau oder sozialer Stellung und ohne Rücksicht darauf, ob andere genug abkriegen, schlingen sie gierig alles in sich hinein. Nietzsche hat die Deutschen deshalb als blonde Raubtiere bezeichnet.

Zum Schluß ein Hinweis auf ein etwas unanständiges Thema. Die Deutschen haben größere Harnblasen als die Japaner und gehen seltener zur Toilette. Da sie ständig Alkohol trinken, haben sie gelernt, den Harn zurückzuhalten. In diesem Punkt sind sie zäher als Japaner, die ständig zur Toilette rennen, um ihre Blasen zu entleeren oder um sich zu übergeben. In Deutschland kommt das nur selten vor, denn an Körperkraft ist der Deutsche dem Japaner überlegen.

Ein Zen-Meister der Literatur

Hermann Hesses Nachruhm in Asien

»Sie ereifern sich darüber, daß ihre Mitstudenten in mir nicht einen Helden und Märtyrer der Wahrheit sehen, sondern nur einen kleinen, sentimentalen Poeten aus Süddeutschland«, schrieb Hermann Hesse 1947 an einen jugendlichen Verehrer in Japan, wo seine Bücher schon vor dem Krieg in hohen Auflagen verbreitet waren. »Und so blicken nun wir beiden, Sie junger Japaner und ich alter Europäer, etwas wunderlich einer zum andern hinüber, jeder beim andern etwas vermutend, was ihm selbst nie ganz erreichbar war. Ihr Zen wird Sie, so vertraue ich, vor dem Exotismus wie vor dem falschen Idealismus schützen [...]«

Hermann Hesses Ruhm in Asien beruhte vor allem auf seinem Buch *Siddharta,* das bald nach seinem ersten Erscheinen 1922 ins Japanische und von dort, auf dem Umweg über die gemeinsame Schriftkultur, ins Chinesische und Koreanische übersetzt wurde und Hesses Ruf als kultureller Vermittler zwischen Orient und Okzident begründete. Aber auch die ganz anders geartete Erzählung *Steppenwolf,* für viele Hesse-Fans ein Verrat an den durch *Siddharta* geweckten Erwartungen, traf in Asien auf breite Resonanz, weil sich hier moderne Zeitkritik mit einem zeitlosen Thema verband: Der Jugendrevolte gegen die starren Konventionen der bürgerlichen Gesellschaft, wie sie in anderer Form auch Goethes *Werther* und Salingers *Fänger im Roggen* verkörpern – drei Titel, die im Fernen Osten, einschließlich der Volksrepublik China, zu Bestsellern avancierten. Dabei ist durchaus nicht alles in Asien erfolgreich, was in Westeuropa oder Nordamerika gut läuft: Die Thriller von Stephen King sind in China ein Flop und lösen dort nur ein müdes Lächeln aus, während der im deutschen Sprachraum fast vergessene Adalbert Stifter sich in Japan hervorragend verkauft. Die unterschiedliche Rezeption zeigt die Grenzen der Globalisierung auf. Während an Marx, Mao und Marcuse orientierte deutsche Studenten Hermann Hesse als weltfremden Dichter belächelten, wurde dessen *Steppenwolf* in den USA zum Kultbuch der Hippie-Bewegung, das deren wichtigste Motive bündelte: Die Faszination durch Drogen und Sex, die Absage an Krieg und Gewalt und den als große Verweigerung bezeichneten Protest gegen das Establishment. Ganz ähnlich verlief die Hermann Hesse-Rezeption in Südkorea: Die Studentendemonstrationen waren hier noch heftiger, weil sie sich gegen ein von den USA gestütztes Militärregime richteten und mit dem Trauma der japanischen Besetzung und des Koreakriegs verbanden, der zur Teilung des Landes geführt hatte.

»Wenn Hermann Hesse heute nach Seoul käme«, sagt der 1952 geborene Lee Sang-Young, der sein ererbtes Vermögen und seine gesamte Arbeitskraft der Verehrung des 1962 verstorbenen Dichters widmet, »würde das öffentliche Leben zusammenbrechen. Ganz Korea stünde Kopf: Nicht nur die Studenten, auch viele Wirtschaftsführer und Politiker – bis hin zum früheren Präsidenten und Friedensnobelpreisträger Kim Dae Jung sowie dessen Frau – sind begeisterte Leser des *Steppenwolf* und des *Demian,* nach dem in Japan sogar eine Supermarkt-Kette benannt ist. Selbst Nordkoreas Diktator Kim Jong Il gilt als Hermann-Hesse-Fan!«

Zur Erklärung dieses Phänomens führt Lee Sang-Young kulturhistorische Gründe an. Schon vor dem ersten Weltkrieg habe der buddhistische Mönch Han Kong Un in japanischen Zeitschriften erschienene Übersetzungen von Hesses frühen Gedichten nach Korea mitgebracht, und seit Jahrzehnten werde der deutsche Dichter von Pädagogen zur Lektüre empfohlen und rangiere auf der Beliebtheitsskala unter Schülern und Studenten auf Platz eins. Südkorea ist ein religiöses Land, in dem christliche und buddhistische Sekten regen Zulauf haben, und die Sinnsuche in Hermann Hesses Werk spricht die kulturell entwurzelten, in ihrer Identität verunsicherten Jugendlichen an, die sich in der transzendentalen Obdachlosigkeit seiner Helden wiedererkennen. Dabei wird Hermann Hesse, anders als im deutschen Sprachraum, politisch rezipiert. Vom Vorbild des *Steppenwolf* inspiriert, beteiligte sich Lee Sang-Young an Protesten gegen das Militärregime von Park Chung-Hee, und nur durch die Lektüre des *Demian* und des *Glasperlenspiels* überstand er die mehrmonatige Haft in einem Spezialgefängnis für Studenten, deren Widerstandswillen durch physischen und psychischen Terror gebrochen werden sollte.

Nach der Entlassung aus dem Gefängnis hielt er Hermann Hesse die Treue. Er verkaufte die Gemälde seines Großvaters, der ein bekannter Künstler gewesen war, und erwarb auf Auktionen und in Antiquariaten Bücher und Bilder, Erstdrucke und Manuskripte seines Idols. Als Copyright-Agent für Kunst, Literatur und Film reiste Lee Sang-Young kreuz und quer durch Europa und suchte Liebhaber und Freunde von Hesses Werken auf, die er durch sein hartnäckiges Insistieren dazu brachte, ihm ihre wertvollsten Stücke zu verkaufen – zum Ärger seiner Familie, die sich über die Geldverschwendung beschwerte, sowie seiner Frau, die eine außereheliche Affäre dahinter vermutete. In fünfzehnjährigen Recherchen hat Lee Sang-Young auf diese Weise eine einmalige Kollektion zusammengetragen, deren reichhaltiger Bestand den aller europäischen Sammlungen übertrifft: 500 Briefe und ebensoviele Manuskripte des Meisters, Erstausgaben seiner Bücher, 130 Zeichnungen und Aquarelle und siebzig Objekte aus Hermann Hesses persönlichem Besitz, zu denen sein Hut, seine Brille und sein Spazierstock gehören –

insgesamt 2 500 Objekte im Gesamtwert von 20 Milliarden Won, was etwa anderthalb Millionen Dollar entspricht. Um die Sammlung angemessen zu präsentieren, soll auf einem von der Stadt Seoul zur Verfügung gestellten Grundstück ein durch Spenden finanziertes Museum errichtet werden. Auch in Japan ist eine Hesse-Gedenkstätte geplant.

Hermann Hesses ungebrochene Popularität in Asien ist nicht allein darauf zurückzuführen, daß er Indien bereiste, wo seine Großeltern als protestantische Missionare gewirkt hatten, und daß er im *Siddharta* das Leben Buddhas geschildert hat, dessen über tausend Jahre alte Kolossalstatuen in Bamian von afghanischen Taliban-Kämpfern gesprengt und geschleift worden sind. Alles schon dagewesen, hätte Hesse dazu gesagt, denn der Kreislauf von Geburt und Tod, Zerstörung und Wiederaufbau ist in seinem vom Buddhismus geprägten Denken vorherbestimmt. Nicht nur die Inhalte, auch Stil und Form seiner Bücher lassen Hermann Hesse japanischen und koreanischen Lesern als Wahlverwandten erscheinen, dessen ästhetische Sensibilität ihr eigenes Empfinden widerspiegelt. Aus asiatischer Sicht ist der süddeutsche Sonderling, der vor den Zumutungen seiner Zeit in eine Tessiner Einsiedlerklause floh, mehr als nur ein romantischer Malerpoet: Ein buddhistischer Weltweiser, ein Zen-Meister der europäischen Literatur.

HAITI UND KEIN ENDE

»To be born in Haiti means to be called a nigger twice ...«

Blackout in Port-au-Prince

Kleine Hommage an Graham Greene

Juni 1994

»Wie hoch ist die Stromspannung in Haiti«, fragte die neben mir sitzende Popsängerin aus Paris beim Landeanflug auf Port-au-Prince: »110 oder 220 Volt?« – »Es gibt keinen Strom auf Haiti«, sagte ich. »Sie werden Ihren Föhn nicht benutzen können.« – »Und warum nicht?« – »Die UNO hat ein Embargo gegen die Militärs verhängt, die den demokratisch gewählten Präsidenten Aristide aus dem Amt gejagt haben.« – »Sind Sie sicher?« – »Oui Madame.«

Ich hatte nicht übertrieben. Als die Maschine der Air France pünktlich um 19 Uhr 35 landete, lag Port-au-Prince in tiefer Dunkelheit. Wild gestikulierende Gepäckträger und verdächtig aussehende Fremdenführer rissen den Passagieren die Koffer aus der Hand und luden sie in zerbeulte Taxis. Die Schlagersängerin war erleichtert, als sie in der wartenden Menschenmenge ihren Vater entdeckte, einen libanesischen Exportkaufmann, der von der gestürzten Regierung hinterlassene Schulden einzutreiben versuchte. Die beiden nahmen mich im Auto mit. Vorsichtig, im Schritttempo und im Slalom, fuhren wir durch mit Schlaglöchern übersäte Straßen, auf denen, abends um acht, kaum noch Menschen unterwegs waren. Im Scheinwerferlicht tauchten streunende Hunde und Schweine auf, die an stinkenden Abfallhaufen herumschnüffelten. Seit siebzehn Monaten hatten die Angestellten der Stadt kein Gehalt mehr bekommen; in Port-au-Prince streikte die Müllabfuhr.

Eine Stunde später saß ich an der Bar des Hotels Oloffson, zusammen mit einer Handvoll in Haiti akkreditierter Reporter, die hier Stammgäste sind. Der Barmann servierte mir eine brennende Kerze und einen Rumcocktail. Ich hatte mich in dem alten Kolonialhotel einquartiert auf den Spuren des englischen Schriftstellers Graham Greene, dessen Haiti-Roman *The Comedians* (deutsch: *Die Stunde der Komödianten*) im Oloffson konzipiert wurde und auch hier spielt – die Graham-Greene-Suite im Seitenflügel wird noch heute Besuchern gezeigt:

»Die Architektur des Hotels war weder klassisch in der Art des 18. Jahrhunderts noch luxuriös im Stil des 20. Mit seinen Türmchen und Balkonen und hölzernen Verzierungen aus Gitterwerk wirkte es nachts wie ein verwunschenes Haus [...] Man erwartete, daß eine Hexe oder ein irrsinniger Butler einem die Tür auftat...«[1]

Ich brauchte nicht lange zu warten, denn kaum hatte ich den aus New York eingeflogenen Fotografen Alex Webb begrüßt, da tänzelte auch schon eine Figur aus Graham Greenes Roman durch die Hotelhalle: Aubelin Jolicoeur, alias Petit Pierre, von Freunden Mr. Haiti genannt. »Mon cher ami«, rief er mir von weitem zu und wirbelte wie ein Tambourmajor seinen Spazierstock durch die Luft: »Willkommen im Paradies!« Früher fing Aubelin Jolicoeur im Auftrag der Regierung prominente Besucher am Flughafen ab, heute trifft er sie abends im Oloffson. In seiner Klatschkolumne für die Zeitung *Le Nouvelliste* läßt er Filmstars und Regisseure, Schriftsteller und Journalisten, Baronessen und Millionäre Revue passieren und sonnt sich im Glanz ihres Ruhms. Aubelin Jolicoeur ist eitel wie ein Pfau und anpassungsfähig wie ein Chamäleon: Nur so konnte er die auf den Sturz der Duvalier-Diktatur folgenden Militärregimes überstehen, ohne dabei Schaden zu nehmen. Seine Überlebenskunst nötigt selbst Aubelins Gegnern Respekt ab, denn trotz aller schillernden

Mimikry bleibt er sich selber treu. »Er war genau, wie ich ihn im Gedächtnis hatte,« schreibt Graham Greene: »Er hatte die schnellen Bewegungen eines Äffchens und schien sich auf einem Seil von Gelächter von Wand zu Wand zu schwingen.«[2]

Ich frage Jolicoeur, ob er zur Zeit ein Regierungsamt innehat.

»Unter Papa Doc war ich Staatssekretär für Tourismus, später Informationsminister. Jetzt bin ich *Ambassadeur itinérant.*«

»Was ist das?« - »Dasselbe wie ein Minister ohne Portefeuille. Man bezahlt mich dafür, nichts zu tun. Es ist sterbenslangweilig. Ich habe der Regierung meinen Rücktritt angeboten, aber mein Gesuch wurde abgelehnt. Darf ich Dir meinen Freund, den Botschafter der Vereinigten Staaten, vorstellen?«

Wir hatten keine Zeit, unser Gespräch fortzusetzen, denn im gleichen Augenblick schaltete sich ein Elektroaggregat ein und tauchte die Hotelhalle in gleißendes Licht. Eine festlich gekleidete Menschenmenge, um Haupteslänge überragt von William Lacy Swing, dem Botschafter der USA, scharte sich um ein in den Berghang gebautes Podium, auf dem sich Voodoo-Tänzerinnen und Trommler für ihren Auftritt vorbereiteten. Der Leadsänger trat ans Mikrophon und machte eine Tonprobe. »One two three«, sagte der junge Mann, der wie eine Mischung aus Robert de Niro und Sylvester Stallone aussah, »ich bin der neue Manager des Hotels Oloffson, mein Name ist Richard A. Morse, und meine Band heißt RAM. 1985 kam ich zum ersten Mal nach Haiti, um Voodoo-Rhythmen kennenzulernen, die Sie gleich hören werden. Vorher hatte ich in Princeton Ethnologie studiert und in New York ein Punk-Orchester geleitet. RAM spielt heute abend hier zum letzten Mal, denn wir sind zum Jazzfest nach New Orleans eingeladen, und so Gott will, *si bon dié vlé,* wie man auf kreolisch sagt, wenn die US-Botschaft der Band die Einreise erlaubt, fliegen wir übermorgen nach Miami. Unser erster Song heißt *Boat People Blues* und erzählt, was sich in den letzten Jahren hier so abgespielt hat:

When I woke up this morning / there were dead bodies lying in the street / the government was gone / and there was blood running under my feet. // Fifty thousand people took their leaky boats out to the sea / they were sailing on the ocean / heading off to Miami. // The UN-observers and the OAS-observers came to town / but the weather got too hot / and now they're nowhere to be found. // They couldn't change the status of the economic refugees / so now they're swimming in the ocean / drowning in the deep blue sea.[3]

Kaum war das Lied zu Ende, ging erneut das Licht aus. Ich habe den Text bei Kerzenschein transkribiert, weil er das Elend Haitis und die Gründe für die Massenflucht der *Boat People* auf kleinstem Raum zusammenfaßt. Der nächste Song – in der Pause schaltete sich das Notstromaggregat ein – schilderte die Folgen des Embargos, das die Ärmsten noch ärmer und die korrupte Oberschicht noch reicher gemacht hat. Die herrschenden Militärs profitieren von der gegen sie verhängten Wirtschaftsblockade: Transport und Verkehr sind zusammengebrochen; Telefone und Fernseher, Kühlschränke und Kühltruhen funktionieren nicht mehr, und die Bauern müssen ihre leicht verderblichen Waren auf Eselsrücken oder zu Fuß zum Markt bringen. Alle Tankstellen sind geschlossen, und an den Straßenecken wird aus der Dominikanischen Republik geschmuggeltes Benzin in Plastikbehälter abgefüllt und zu weit überhöhten Preisen verkauft. Eine Wolke von Dieselöl und Kerosin schwebt über der Stadt – Port-au-Prince gleicht einem Benzinfaß, das auch ohne zündenden Funken jederzeit explodieren kann. Nachts sind Schüsse zu hören, und morgens liegen Tote am Straßenrand – meist Jugendliche aus den Armenvierteln, die als Hochburgen des gestürzten Präsidenten Aristide galten.

> Zum Glück wagte niemand, nachts die Straßen zu benützen; das waren die Stunden, in denen nur Zombie-Geister am Werk waren oder die Tontons Macoute«, heißt es bei Graham Greene, der Haiti im Sommer 1963 unter ähnlich dramatischen Umständen verließ wie der Ich-Erzähler seines Romans – schon damals hatten die USA ein Embargo gegen das diktatorische Regime von »Papa Doc« Duvalier verhängt: »Bis der Terror begann, die amerikanische Mission abreiste, der britische Botschafter ausgewiesen wurde, der Nuntius aus Rom nicht mehr zurückkehrte und das Ausgehverbot zwischen uns eine Trennungsmauer errichtete; bis auch ich endlich mit dem letzten Delta-Flugzeug nach New Orleans abflog [...] Ich hatte Joseph gesagt, daß während meiner Abwesenheit das Geschäft weitergehen solle wie üblich, denn wer wußte, ob sich nicht ein paar Journalisten hier einige Tage aufhalten wollten, um eine Reportage über ein Land zu schreiben, das sie zweifellos ›Die Alptraum-Republik‹ nennen würden.[4]

Die Parallele zur Gegenwart geht noch weiter: Held des Romans ist ein junger Engländer, der nach Port-au-Prince kommt, um ein von seiner Mutter geerbtes Hotel zu bewirtschaften, das Züge des Oloffson trägt. Richard A. Morse hat das traditionsreiche Hotel von Al Seitz übernommen, der einst Graham Greene hier beherbergt hat. Anders als sein *alter ego* im Roman, das sich in die Frau eines lateinamerikanischen Botschafters verliebt, ist Morse mit einer haitianischen Tänzerin verheiratet und hat mit ihr seine Voodoo-Rock-Band aufgemacht. »Ich halte jeden Abend Ausschau nach der lateinamerikanischen Diplomatenfrau«, sagt er beim Rundgang durch das Hotel – Zimmer 20, wo Graham Greene gewohnt hat, wird gerade frisch renoviert – »aber sie wahrt ihr Inkognito. Auch der tote Minister im Swimmingpool ist bisher nicht aufgetaucht. Aber das kann noch werden!« Wegen eines regimekritischen Lieds, das die haitianische Hitparade erobert hat, erhält er Morddrohungen der Militärs, und auch die US-Mission ist ihm nicht grün. Obwohl Botschafter Swing seine Musik mag, hat er der Band, einen Tag vor deren Auftritt in New Orleans, noch immer kein Visum ausgestellt, mit der Begründung, sie sei außerhalb Haitis nicht bekannt – dabei ist ein Lied von RAM Leitmotiv des Kultfilms *Philadelphia*. Ein durchsichtiger Vorwand, da die Botschaft befürchtet, Mitglieder der Band könnten politisches Asyl in den USA beantragen.

Am nächsten Morgen besuchen Alex Webb und ich Aubelin Jolicoeur in seiner Villa, nur zwei Straßen vom Hotel Oloffson entfernt, die vom Keller bis zum Dachboden mit Meisterwerken haitianischer Kunst vollgestopft ist. »Graham Greene hat mich in seinem Buch negativer dargestellt als ich in Wirklichkeit bin«, sagt Petit Pierre, »und zwar aus ästhetischen Gründen: Damit ich unter all den Teufeln nicht als strahlender Engel erscheine. Übrigens bin ich der einzige Romanheld, der einen Nachruf auf seinen Autor verfaßt hat.« Und er zeigt uns einen Artikel, den er nach Greenes Tod für den GUARDIAN geschrieben hat. »1954 begegnete ich Graham zum ersten Mal. Er war auf Einladung von Truman Capote nach Haiti gekommen, der hier zusammen mit dem Regisseur Peter Brook das Libretto zu seinem Stück *The Flower House* schrieb. Graham wohnte damals noch nicht im Oloffson, sondern im El Rancho. Er sah aus wie ein britischer Gentleman – groß, schlank und sommersprossig, wenig gesprächig, aber umso mehr dem Alkohol zugetan. Nach Mitternacht, wenn er und seine Freunde jede Menge Rumcocktails und Manhattans getrunken hatten, führte ich sie zu Georgette, einem Bordell in Carrefour, wo sie sich bis zum Morgengrauen mit den Mädchen amüsierten. Ich habe Georgette seit Jahren nicht mehr gesehen, aber ihr Etablissement existiert heute noch.«

Die Straße nach Carrefour, dem Rotlichtbezirk von Port-au-Prince, war schon zu Graham Greenes Zeiten ständig überschwemmt – sie ist es heute noch. Wir fahren durch hochaufspritzendes Wasser, vorbei an buntbemalten Bussen und Lastwagen, die mit ihrer Ladung im Schlamm steckengeblieben sind; mit hochgerollten Hosen und gerafften Röcken Körbe und Bündel auf den Köpfen balancierend, waten die Passagiere an Land. »Zur Linken lag die große Ausfallstraße nach dem Süden, nahezu unwegbar außer für Geländewagen«, schreibt Graham Greene, dessen Roman uns als Wegweiser dient: »Eine lange niedrige Hütte, wie ein Stall in Boxen aufgeteilt, war hier das Liebesquartier [...] Mère Catherine hörte mich stolpern und kam mir auf der Schwelle entgegen, in der Hand eine Petroleumlampe. Sie hatte das Gesicht einer gutmütigen Kinderfrau [...] Sie tat, als kämen ihre Mädchen aus guten Familien, als hülfe sie ihnen bloß dabei, sich ein wenig Geld zu verdienen, und man konnte es fast glauben, denn sie hatte sie ein tadelloses Benehmen in der Öffentlichkeit gelehrt.«[5]

»Alles, was Mr. Greene über mich geschrieben hat, ist erstunken und erlogen«, sagt Madame Georgette, die uns im Schaukelstuhl wippend empfängt, während ein Klempner ihr kaputtes Telefon repariert. »Um die Phantasie seiner Leser zu erregen, schreckte er vor nichts zurück. Aber so sind die Schriftsteller«, fügt sie resigniert hinzu. »Ich wünschte, Mr. Greene hätte mich und mein Lokal so dargestellt, wie es wirklich war. Wir sind ein anständiges Haus.« Wie jede Puffmutter ist Georgette auf ihren guten Ruf bedacht.

»Meine Gäste stammten aus der besseren Gesellschaft. Mittwochs kamen die Kreuzfahrttouristen, um hier zu essen; an Wochenenden wurde getanzt, und Aubelin Jolicoeur brachte mir Kunden aus den feinsten Hotels ins Haus. Es war eine schöne Zeit, aber sie ist unwiderruflich vorbei. – Haben Sie mein Museum schon besichtigt?«

In jüngeren Jahren war Georgette leidenschaftliche Jägerin. Ihr Wohnzimmer beherbergt einen exotischen Zoo voller verstaubter Tiere, die sie eigenhändig erlegt und ausgestopft hat: Flamingos, Krokodile und Schildkröten – sogar eine appetitlich präparierte Languste ist dabei. Im Swimmingpool, den es zu Graham Greenes Zeiten noch nicht gab – damals badeten die Gäste im Meer, das noch nicht durch Abwässer verseucht war – paddelt ein amerikanischer Rentner herum, der zweimal pro Jahr bei Georgette Ferien macht: Weil es hier so billig, und weil das Leben in Haiti weniger gefährlich sei als in Hartford, Connecticut.

Am nächsten Morgen liegt ein Toter an der Straße zum Flughafen, der im Lauf der Nacht erschossen und aus einem fahrenden Auto geworfen worden ist. Anwohner führen uns an den Fundort der Leiche, um den sich wie Hyänen die Schaulustigen versammeln, unter ihnen zwei Reporter aus dem Oloffson. Die meisten Autos rollen im Schrittempo vorbei; nach einem kurzen Blick auf den Straßenrand geben die Fahrer wieder Gas. Der mit Buschhemd und Blue Jeans bekleidete Tote liegt auf dem Rücken, in einer Blutlache; seine Augen sind schreckhaft aufgerissen, die Arme im Abwehrreflex erhoben, aus den Nasenlöchern quillt geronnenes Blut, auf dem Fliegen herumkriechen. Er scheint nicht älter als fünfundzwanzig geworden zu sein. Umstände, Zeit und Ort deuten auf ein politisches Verbrechen hin; das nahgelegene Elendsviertel Cité Soleil wird seit dem Militärputsch von Killerkommandos terrorisiert.

Daß den Morden nicht nur Anhänger des gestürzten Präsidenten Aristide, sondern auch Unbeteiligte zum Opfer fallen, wird von den Tätern zynisch einkalkuliert. Hinter den Todesschwadronen steht die neoduvalieristische FRAPH (*Front pour l'avancement et le progrès haïtien*)[6], deren Anhänger sich an diesem Morgen vor der amerikanischen Botschaft versammeln, um für die Aufhebung des Embargos und für vorgezogene Neuwahlen zu demonstrieren: Straßenkinder und arbeitslose Jugendliche, Marktfrauen und Tontons Macoute, auch Attachés oder Zenglendos genannt, allen voran Gros-Gros Fanfan, der den Aristide nahestehenden Geschäftsmann Antoine Izméry sonntags beim Kirchgang erschoß. Der stadtbekannte Mörder, von Leibwächtern mit Maschinenpistolen bewacht, wird von der zum Schutz der Demonstranten aufmarschierten Polizei mit Bruderküssen begrüßt. In Graham Greenes Buch heißt er *Concasseur*, zu deutsch Knochenbrecher: »Der Name Concasseur verfolgt mich. Irgendwo hatte ich ihn schon einmal gehört. Die erste Silbe paßte gut zu ihm, und vielleicht hatte er den ganzen Namen angenommen, wie auch die Namen Hitler und Stalin angenommen waren.«[7]

Am Nachmittag gibt der Chefideologe der FRAPH, Emmanuel Constant, eine Pressekonferenz. Sein Haus in Delmas, einem Villenviertel von Port-au-Prince, gleicht einem Heerlager; mit vorgehaltener Pistole werden Alex Webb und ich nach Waffen durchsucht. Während des Interviews rutscht der in Kanada aufgewachsene Sohn eines haitianischen Generals auf seinem geladenen Revolver herum, der ihm aus der Hosentasche geglitten ist; wenn er nicht aufpaßt, schießt er sich ins eigene Bein. Er läßt kein gutes Haar an Aristide: Der gestürzte Präsident habe politische Gegner lebendig verbrennen und Frauen und Kinder infolge des Embargos verhungern lassen. Jetzt sitze er als mehrfacher Millionär in Washington und traue sich nicht mehr nach Haiti zurück, weil die Armee das Land von Kommunisten und Kriminellen gesäubert habe.

Am Ende von Graham Greenes Roman flieht der Ich-Erzähler vor dem Terror von Papa Doc in die benachbarte Dominikanische Republik. Das wäre heute nicht mehr möglich: Die Autostraße von Port-au-Prince nach Santo Domingo ist gesperrt; nur auf Schleichwegen im Norden und Süden des

Landes kommen Lastwagen mit geschmuggeltem Benzin über die Grenze. Der einzige Fluchtweg, der den Haitianern noch offen steht, ist das Meer. Am Strand von Léogane werden baufällige Boote gezimmert, auf denen wirtschaftliche und politische Flüchtlinge in See stechen, nur um von der US-Küstenwache aufgefischt und an ihre Kerkermeister ausgeliefert zu werden. Aus Protest gegen die Zwangsrepatriierung der *Boat People* trat der demokratische Kongreßabgeordnete Randall Robinson über Ostern in einen mehrwöchigen Hungerstreik.

Graham Greenes 1966 erschienener Roman *The Comedians* hatte ein politisches Nachspiel: Auf Geheiß von François Duvalier publizierte das Außenministerium in Port-au-Prince ein Propaganda-Pamphlet, in dem der britische Autor als Rassist, Geisteskranker, Drogensüchtiger, pathologischer Lügner und sadistischer Folterer »entlarvt« wurde – der Text trägt die Handschrift von Papa Doc, der sich darin unfreiwillig selbst charakterisiert. Die Broschüre wurde an alle diplomatischen Vertretungen verteilt, hat den Welterfolg von Graham Greenes Roman aber nicht verhindern können.[8]

Das Duvalier-Regime schlug noch einmal zu, als das Buch Jahre später verfilmt wurde – nicht auf Haiti, sondern in Hollywood, wo das Hotel Oloffson maßstabgetreu nachgebaut worden war. Die Außenaufnahmen wurden im westafrikanischen Dahomey gedreht (heute Benin), von wo die Vorfahren der Haitianer einst als Sklaven in die Karibik verschleppt worden waren. Elizabeth Taylor und Richard Burton spielten die Hauptrollen; Aubelin Jolicoeur lehnte nach eigenem Bekunden die ihm angebotene Hauptrolle (mit einer Gage von 100 000 Dollar) ab – er hätte den Einstieg ins Filmgeschäft nicht überlebt. Aus Verärgerung brach Papa Doc die diplomatischen Beziehungen mit Dahomey ab und verbot alle Filme mit Elizabeth Taylor und Richard Burton. Dieses Dekret blieb bis zum Sturz der Diktatur in Kraft; nach Baby Docs Flucht im Februar 1986 lief der Film mehrere Wochen lang Abend für Abend im haitianischen Fernsehen, was heute schon wieder schwer vorstellbar ist.

Anmerkungen

1 Graham Greene: *Die Stunde der Komödianten*. Roman. Übersetzt von Hilde Spiel, Paul Zsolnay Verlag, Wien/Hamburg 1966, S. 63

2 Ebd. S. 57

3 Als ich aufstand heute Morgen / sah ich überall nur Mord und Tod / die Regierung war geflohen / und die Straßen waren voller Blut. / 50.000 Menschen stachen auf lecken Booten in See / sie fuhren übers Meer und nahmen Kurs auf Miami. / UNO- und OAS-Beobachter gingen in Haiti an Land / aber der Boden war ihnen zu heiß / und sie sind schnell durchgebrannt. / Niemand nimmt uns auf / denn wir suchen ja nur Jobs / deshalb treiben wir im Meer / und gehn einer nach dem andern hops. (sinngemäß übersetzt, H. C. Buch)

4 Graham Greene: *Die Stunde der Komödianten,* S. 126 f., 121

5 Ebd. S. 185 ff.

6 Front für Fortschritt und Entwicklung Haitis

7 Graham Greene: *Die Stunde der Komödianten,* S. 191

8 Graham Greene: *Ways of Escape,* Penguin Books, London 1980, S. 203 ff. *Con* ist ein obszönes Schimpfwort im Französischen.

Ein Stacheldraht namens Demokratie

Aus dem haitianischen Tagebuch

8. März 2002, American Airlines 1291, im Anflug auf Port-au-Prince. Die Boeing 747 ist bis zum letzten Platz besetzt mit Exilhaitianern aus Florida, die schwer beladen mit Satellitenschüsseln, Klapprädern und Computern in ihre Heimat zurückkehren; selbst Zucker- und Reissäcke werden beim Einchecken in Miami auf die Waage gehievt. Während die Warteschlange immer länger wird, feilscht eine Madame Sarah – so heißen die fliegenden Händlerinnen auf kreolisch – endlos ums Übergepäck, das der Airline zusätzliche Einnahmen beschert. Trotzdem wird während des Fluges am Service gespart. Statt einer warmen Mahlzeit gibt es nur Salzbrezeln und Seven Up. Wein oder Bier kosten vier US-Dollar, ein stolzer Preis, den die Stewardess mit Hinweis auf den 11. September erklärt. Die Passagiere zahlen ohne zu murren, denn nur Exilhaitianer, die in Florida zu bescheidenem Wohlstand gelangt sind, können sich den teuren Flug leisten.

Ohne den Zustrom von Dollars aus der sogenannten Diaspora wäre Haitis Wirtschaft längst den Bach hinuntergegangen. Der Karibikstaat gehört zu den ärmsten Ländern der Dritten Welt mit der niedrigsten Lebenserwartung und der höchsten Arbeitslosen- und Analphabetenrate Lateinamerikas. Die monatlichen Geldüberweisungen in den USA und Kanada lebender Haitianer sind höher als das offizielle Budget und tragen mehr zum Überleben der Bevölkerung bei als alle Entwicklungsprogramme zusammen.

Wir überfliegen die Bucht von Port-au-Prince. Unter uns die kahlen Berge der Insel La Gonave, die noch in den sechziger Jahren bewaldet war. Die Bäume wurden zu Holzkohle verarbeitet, Bäche und Flüsse vertrockneten, und die auf der Insel zurückgebliebenen Einwohner sind auf eine defekte Anlage zur Entsalzung von Meerwasser angewiesen. Vom Flugzeug aus sind die Folgen der Umweltzerstörung mit bloßem Auge zu erkennen. Tropischer Sturzregen spült die fruchtbare Erde ins Meer, wo sie die empfindliche Unterwasserflora unter Schlammmassen begräbt und das blaue Wasser der Karibik schwefelgelb färbt. Und Haitis größtes Korallenriff *Les Iroquois,* einst Anziehungspunkt für Tauchtouristen, erstickt im Abfall, den die Strömung hier deponiert; an Stelle von Manta-Rochen und Barrakudas ziehen die Fischer nur noch Plastiktüten und leere Flaschen aus dem Meer.

Unter uns die Slumhütten von Cité Soleil, früher eine Hochburg des demokratisch gewählten Präsidenten Aristide, jetzt ein Schlupfwinkel für Drogengangster, um den die Polizei einen Bogen macht. Ursprünglich hieß die Müllhalde Cité Simone, so benannt nach der Frau des Diktators Papa Doc, die das am Meer gelegene Areal den Obdachlosen überließ. Am Rand eines stinkenden Abwasserkanals hausen die Ärmsten der Armen in Cité Carton, einem aus Wellblech und Pappe errichteten Slum, das 100 000 Menschen beherbergen soll.

Die Maschine setzt zur Landung an, für die American Airlines, wie der Pilot über Lautsprecher durchsagt, keine Garantie übernimmt, weil der Flughafen nicht den im internationalen Flugverkehr üblichen Sicherheitsstandards entspricht. Links Öltanks, rechts der Friedhof, auf dem mein Großvater begraben liegt, der sich Ende des 19. Jahrhunderts als Apotheker auf Haiti niederließ. Dazwischen der Kirchturm der Kathedrale und der schneeweiße Präsidentenpalast, flankiert von Kasernen mit grünen Kupferdächern, über die wir im Sinkflug hinweggleiten, bevor die Maschine rumpelnd aufsetzt und zum Stillstand kommt neben einem Flugzeugwrack, das seit Jahrzehnten am Rand der Rollbahn verrottet. Eine Bäuerin auf einem Esel reitet an dem mit Nato-Draht gesicherten Zaun vorbei, eine Hinterlassenschaft der US-Marines, die im Herbst 1994 den durch einen Militärputsch verjagten Präsidenten Aristide nach Haiti zurückbrachten; seitdem heißt der Stacheldraht im Volksmund *La Démocratie*.

Die Abfertigung geht schneller als sonst vonstatten. Die Zollbeamten würdigen die Rucksäcke ausländischer Entwicklungshelfer und Missionare – Touristen verirren sich nur selten hierher – keines Blicks, während sie die überquellenden Taschen und Koffer ihrer Landsleute genau unter die Lupe nehmen. In der Ankunftshalle ein neugeschaffenes Wandgemälde: Das Staatswappen der Republik Haiti, eine mit einer Jakobinermütze gekrönte Palme, an deren Fuß Kanonenkugeln zu Pyramiden aufgeschichtet sind, neben Werkzeugen, die zugleich Freimaurersymbole sind – Trommel, Anker und Axt. Die Mündungsrohre der Kanonen sind nicht aufs Meer gerichtet, zur Abwehr einer auswärtigen Invasion, sondern ins Landesinnere, gegen die eigene Bevölkerung. Ein Spruchband mit der Parole *L'Union fait la force* (Einigkeit macht stark) umschlingt das heroische Tableau: Der Aufruf zur Einheit klingt wie Hohn angesichts der Selbstzerfleischung, die sich wie ein roter Faden – hier stimmt der abgegriffene Vergleich – durch die Geschichte Haitis zieht.

Am Nikolaustag des Jahres 1492 landeten die Karavellen des Kolumbus an der Nordwestküste der Insel, die dieser wegen ihrer vermeintlichen Ähnlichkeit mit Spanien Hispaniola nannte. Dreißig Jahre später waren die Ureinwohner ausgerottet: Die Taino- und Arrawak-Indianer aus dem Orinoko-Delta fielen von Spaniern eingeschleppten Krankheiten zum Opfer oder schufteten sich in Gold- und Silberminen zu Tode. Auf Vorschlag des Apostels der Indios, Las Casas, wurden 1517 erstmals Negersklaven aus Afrika eingeführt. Damit begann ein nicht weniger tragisches Kapitel in der Geschichte der Insel, deren von Seeräubern annektierter

Westteil sich im 18. Jahrhundert zur reichsten Kolonie Frankreichs entwickelte.

Am Vorabend der Französischen Revolution lebten hier 40 000 Weiße und 30 000 freie Farbige, hervorgegangen aus sexuellen Verbindungen weißer Herren mit dunkelhäutigen Konkubinen; dieser Oberschicht stand ein Arbeitsheer von 500 000 recht- und besitzlosen Sklaven gegenüber. Vom Sturm auf die Bastille inspiriert, erkämpften die Schwarzen ihre Freiheit, die der Nationalkonvent unter Robespierre 1794 anerkannte, und zehn Jahre später die Unabhängigkeit gegen Napoleon, der 40 000 Elitesoldaten nach Saint Domingue entsandte, um das Rad der Geschichte zurückzudrehen. Am 1. Januar 1804 proklamierte der Anführer der Revolte, General Dessalines, die Republik Haiti, auf deren Territorium die Sklaverei für immer abgeschafft wurde – anders als in den USA, deren Gründerväter Sklavenhalter waren. Aber die in die Unabhängigkeit gesetzten Hoffnungen erfüllten sich nicht. Das Erbe der Kolonialzeit – ökonomische Ausbeutung, gekoppelt mit despotischer Herrschaft – lastete auf dem Inselstaat, der bis Ende des 19. Jahrhunderts Reparationszahlungen an Frankreich leisten mußte. Seitdem war und ist Haitis Geschichte eine Kette von Staatsstreichen korrupter Regimes, die zweimal – 1915 und 1994 – die USA zum Eingreifen nötigten, ohne daß sich an der Misere etwas geändert hat.

»Der Niedergang unseres Landes«, schreibt die Tageszeitung LE NOUVELLISTE, »ist die Folge mafioser Praktiken inkompetenter Politiker und raffgieriger Geschäftsleute, die sich wertvolle Ländereien, Luxusrestaurants und Kaufhäuser unter den Nagel reißen. Von Zeit zu Zeit läßt das Volk seine Wut an den Schuldigen aus; Geschäfte werden geplündert, öffentliche Gebäude verwüstet, und die Presse klagt unisono die Schändlichkeit der gestürzten Regierung an. Dann fällt Haiti wieder in den gewohnten Trott zurück und, als sei nichts geschehen, fängt das alte Elend von neuem an.«

Daneben ein Artikel über die Wasserknappheit: 1980 kamen auf eine Million Menschen in Port-au-Prince nur 30 000 Haushalte mit Wasser und Strom; seitdem hat sich die Einwohnerzahl fast verdoppelt, während Trinkwasser immer knapper wird und aus fernen Bergregionen mit Tanklastwagen in die Elendsviertel transportiert werden muß. Haitis Flüsse führen immer weniger Wasser infolge der durch illegalen Holzeinschlag verursachten Erosion, und das mit deutscher Hilfe erbaute Kraftwerk von Péligre produziert kaum noch Strom, weil die Turbinen versandet sind.

»Haiti est un pays sans loi et sans foi«, sagt meine Tante Jeanne, die mich, von Nachtschmetterlingen umschwirrt, auf der Veranda ihres Hauses erwartet: Haiti ist ein Land ohne Recht und Gesetz. Trotz des Stromausfalls gibt es eisgekühltes Bier, und im Fernsehen spricht Staatschef Aristide. Seit seiner umstrittenen Wiederwahl hat der einstige Hoffnungsträger der Armen seine Anhänger enttäuscht; vor allem die städtische Intelligenz hat sich von ihm abgewandt. Aristide spricht nicht, er predigt salbungsvoll wie der Salesianer-Pater, der er früher gewesen ist, und wiederholt jeden Satz mehrmals, als wende er sich an unmündige Kinder. Nach einem Werbespot, in dem vom Freiheitskampf der Sklaven und vom 200. Jubiläum der Unabhängigkeit die Rede ist, ergreift die Gattin des Präsidenten das Wort. Heute ist internationaler Frauentag, und die First Lady ruft die im Sportstadion versammelten Frauen dazu auf, Promiskuität und Prostitution zu bekämpfen und ihre Männer dazu anzuhalten, Kondome zu benutzen als Vorbeugung gegen Aids.

Auf die Nachrichten folgt *All my children*, eine amerikanische Seifenoper, die täglich zur besten Sendezeit im Fernsehen läuft und Haitis Großfamilien, vom Patriarchen bis zum Kleinkind, vor dem Bildschirm vereint. Obwohl nur die Oberschicht englisch versteht, weiß jede Köchin und jeder Schuhputzjunge, wer mit wem verlobt oder verheiratet, versöhnt oder zerstritten ist. Im Mittelpunkt des Melodrams steht Erica, die seit einem Vierteljahrhundert nicht gealtert ist; erst bei genauem Hinsehen entdecke ich Spuren von *face-lifting* in ihrem makellosen Make up. Am Ende des Films huscht eine Eidechse über den Bildschirm mit einer zappelnden Kakerlake im Maul – kein Tierfilm, sondern Reality-TV.

Aristides Planungsminister Marc Bazin, ein Ex-Funktionär der Weltbank und früherer Präsidentschaftskandidat, erklärt die wundersame Vervielfachung des in Kooperativen angelegten Geldes, das seinen Wert mit Zinssätzen von 12 Prozent in einem Jahr verdoppeln soll. Nirgendwo in der Welt werden derzeit höhere Zinsen bezahlt als von den als Kooperativen bezeichneten Sparkassen Haitis, mit denen Präsident Aristide den Banken die Kunden abspenstig machen will: Späte Rache für den von der Oligarchie finanzierten Militärputsch, der seine erste Amtszeit beendete, und zugleich der Versuch eines Dritten Wegs zwischen Staat und Markt, Big Business und öffentlicher Hand. Aristide ist ein Populist, der Politik und Geschäft zu einem undurchsichtigen Amalgam vermengt. Eine nach ihm benannte Stiftung verkauft Reis zu Dumping-Preisen an die notleidende Bevölkerung, und wer seinen Namen in die Käuferlisten einträgt, wird automatisch Mitglied seiner zur Massenbewegung angeschwollenen Partei *famille lavalas*: kreolisch für Erdrutsch oder Überschwemmung. Gleichzeitig wollen von Aristides Gegnern gestreute Gerüchte nicht verstummen, Haitis Voodoo-Ökonomie werde von der kolumbianischen Drogenmafia finanziert, die das Land als Umschlagplatz zur Weiterverschiffung von Kokain nach Florida mißbraucht. Immer wieder werden an den Küsten wasserdichte Pakete angeschwemmt, deren Inhalt, ein mysteriöses weißes Pulver, nach der Beschlagnahme durch die Behörden spurlos verschwindet oder von Fischern unter der Hand verscherbelt wird. »Das Kokain ist ein Geschenk des Himmels«, sagt ein Beamter der zivilen Polizei, die die von

Aristide abgeschaffte Armee ersetzen soll: »Da mein Gehalt kaum die Lebenshaltungskosten deckt, wäre ich dumm, wenn ich die Chance nicht nutzen würde!« Kein Wunder, daß der Polizist seinen Namen nicht nennen will.

Der derzeitige Boom der Kooperativen ist ein Täuschungsmanöver cleverer Betrüger, die Haitis kleinen Gewerbetreibenden die Ersparnisse aus der Tasche ziehen, um sich mit dem Gewinn ins Ausland abzusetzen wie zur Zeit von Baby Doc: Damals zog der Direktor der Staatlichen Lotterie selbst das große Los und floh mit dem Geld nach Miami. *Honni soit qui mal y pense!* Aus haitianischer Sicht ist das Leben eine Art Roulette, und Reichtum wird nicht durch ehrliche Arbeit, sondern durch einen Pakt mit dem Teufel oder durch Glück beim Spiel erzielt. Hinzu kommt die für Haiti typische Schattenwirtschaft, ein informeller Austausch von Waren und Dienstleistungen, den keine Statistik erfaßt.

»Madame Raymond leitet eine Kooperative in einem populären Wohnviertel«, sagt Planungsminister Bazin, »und jeder wendet sich vertrauensvoll an sie. Wer kein Sparbuch und keinen Ausweis vorlegen kann, kriegt trotzdem Kredit, denn Madame Raymond verläßt sich auf Bürgen aus der Nachbarschaft. Kommt man wieder zu Geld, zahlt man seine Schulden zurück.« Zu schön, um wahr zu sein, aber die Abmachung auf Treu und Glauben statt schriftlichem Vertrag sei Haitis Antwort auf seelenlose Globalisierung und kalte Ellenbogenmentalität, meint der vom Saulus zum Paulus bekehrte frühere Weltbankfunktionär: »Gestatten Sie mir hinzuzufügen, daß nichts unmöglich ist im Land des Voodoo, wo Wunder an der Tagesordnung sind!«

Gestern empfing Staatschef Aristide die Chefs der Zenglendos – so heißen die Drogengangster, die die Bewohner der Elendsviertel terrorisieren – im Präsidentenpalast, um Frieden zu stiften in einem blutigen Bandenkrieg, der in Cité Soleil jede Nacht Tote fordert. Die Mafia-Bosse mußten ihre

Schußwaffen an der Garderobe abgeben; nach der Unterredung, die, dem Kommuniqué zufolge, in entspannter Atmosphäre verlief, bekamen sie ihre Pistolen wieder zurück. Auf dem Platz vor dem Präsidentenpalast protestierten, von Polizisten mißtrauisch beäugt, Angehörige der Opfer und forderten Wiedergutmachung vom Staat und strenge Bestrafung der Täter: Anstatt sie zum Gespräch zu empfangen, solle der Präsident die Kriminellen ins Gefängnis stecken.

»Gold für meine Freunde und Blei für meine Feinde«, schreibt der Kolumnist Georges Anglade in einem Kommentar. »Nach dieser Devise verfährt man in Haiti seit Menschengedenken, und es gibt kein einträglicheres politisches Projekt. Ein Parlamentarier oder Senator bekommt 7000 haitianische Dollar pro Monat, dazu einen Dienstwagen mit Chauffeur, einen Land Rover mit Leibwächtern und einen PKW für seine Sekretärin oder Maîtresse – kein Wunder, daß hierzulande jeder Analphabet Abgeordneter werden will. – Port-au-Prince ist eine aus den Nähten platzende Großstadt«, fährt er fort, »die irgendwann wie eine Höllenmaschine explodieren wird. Die Frage ist nicht ob, sondern nur noch, wann das passiert.«

Déjà-Vu auf der Paßstraße zwischen Port-au-Prince und Hinche: Diesmal ist es keine Blutspur, sondern eine Ölspur, ein schmales Rinnsal, das im Zickzack über die Fahrbahn läuft, eine zittrige Handschrift, mit Tintenklecksen akzentuiert, die am Rand des Abgrunds in einer Pfütze endet, als sei hier ein waidwundes Tier verendet. Beim Blick in die Tiefe sehe ich ein zerbeultes Tap-Tap, einen jener buntbemalten Lastwagen, die Waren und Passagiere von einem Ende der Insel zum anderen befördern: Haitis billigstes Transportmittel, aus der Not geboren und am Leben erhalten mit viel Phantasie und noch mehr Improvisationstalent. *Dieu seul me voit* (Nur Gott sieht mich) steht in Schnörkelschrift auf dem Heck des LKW, der beim Sturz in den Abgrund auf einen Felsvorsprung geprallt ist. Der Steilhang ist übersät mit Strohhüten und Gummisandalen, geplatzten Basttaschen und Körben; außer einem Kinderschuh, der sich in einem Dornbusch verfangen hat, zeugt keine Spur von den Passagieren. Gott hat weggeschaut wie so oft bei den kleinen und großen Tragödien, die Haiti heimsuchen.

Ich schreibe diese Zeilen im lichtgesprenkelten Schatten eines Sandbüchsenbaums, dessen ovale Früchte, jedesmal wenn Wind durchs Geäst fährt, wie Zündplättchen detonieren. Wir sind früh um fünf aufgebrochen in Danys Jeep, dessen ausgeleierte Federung mich bei jedem Schlagloch an die Decke hüpfen läßt. Mein Neffe Dany ist ein würdiger Nachfahre der Freibeuter und Bukaniere, die Haiti für Frankreich in Besitz nahmen, und anders als die einheimische Oberschicht, die lieber nach Paris oder New York fliegt, kennt er das Landesinnere wie seine Westentasche. Es macht ihm nichts aus, in einer Hängematte zu schlafen oder auf dem Lehmboden einer von Moskitos verseuchten Hütte, und lieber als im Restaurant ißt er aus einem Blechnapf am Straßenrand und trinkt den Saft einer frisch geschlagenen Kokosnuß. Ein Ochsenkarren kommt uns entgegen, haushoch beladen mit Zuckerrohr; auf der schwankenden Ladung sitzt ein Halbwüchsiger, der das Ochsengespann durch Zurufe lenkt. Ringsum Zuckerrohrfelder, auf denen halbnackte Männer in der Mittagshitze ihre Macheten schwingen; obwohl sie für Hungerlöhne arbeiten – zwei US-Dollar pro Tag – ist der hier produzierte Zucker teurer als auf dem Weltmarkt und wird nur lokal konsumiert. Der süßliche Geruch von Melasse liegt in der Luft, und die dazugehörige Zuckersiederei sieht aus wie auf einem Kupferstich des 18. Jahrhunderts, mit dem Unterschied, daß das Mühlrad nicht mehr durch Muskelkraft, sondern mit Benzin angetrieben wird. Ansonsten ist die Zeit stehengeblieben. Die Ausrüstung der Bauern – Spitzhacke und

Machete, Peitsche und Sattel, Deichsel und Joch, Basttasche und Strohhut – stammt aus der Kolonialzeit: Zusammen mit den Riten des Voodoo und den Rhythmen der Trommeln haben afrikanische Sklaven sie aus der Alten in die Neue Welt mitgebracht. Auch der Glaube, daß Zwillinge den Göttern heilig sind, kommt aus Afrika: Zwei identisch gekleidete Mädchen mit weißen Strümpfen und roten Schleifen im Haar winken uns aus einem Vorgarten zu, und mein Mitfahrer bekreuzigt sich, weil Zwillinge zur Linken, wie schwarze Katzen in Europa, Unglücksboten sind, und weil Dany lieber auf Nummer sicher geht.

Heute ist Sonntag, und festlich gekleidete Passanten sind zum Gottesdienst unterwegs: Eine Matrone in zitronengelbem Kleid, die das Maultier, auf dem sie reitet, mit einer Gerte antreibt; Frauen mit Lockenwicklern im Haar und Männer in dunklen Anzügen, Gesangbücher unter dem Arm, die sie als Mitglieder protestantischer Sekten ausweisen. Dazwischen ein Voodoo-Priester, der aussieht, als ob er einer fliegenden Untertasse entsprungen sei: Anstelle von Kleidern trägt er Plastikfetzen am Leib, und wie ein Pestkranker im Mittelalter warnt er Entgegenkommende durch lautes Klappern mit einer Art Kinderrassel. Vermutlich ist der Mann geistesgestört: Weil es auf dem Land keine medizinische Versorgung gibt, irren psychisch Kranke, die von ihren Familien nicht versorgt werden können, ziellos auf den Straßen herum. Die Geschichten von Zombies, lebenden Toten, haben hier ihren Ursprung.

Ich fühle mich in ein Märchen der Gebrüder Grimm versetzt: Jedesmal, wenn wir anhalten, um einen Bauern nach dem Weg zu fragen, zieht dieser höflich den Hut und begrüßt Dany und mich als Bruder oder Gevatter. Dann entspinnt sich ein längeres Gespräch über Woher und Wohin, das Wohlbefinden der Familie, die schlechte Wirtschaftslage, die katastrophale Dürre und die trüben Aussichten für die Landwirtschaft. Eine vormoderne Idylle – nur der frisch asphaltierte Flugplatz von Pignon, einem gottverlassenen Nest auf dem Plateau Central, paßt nicht ins Bild: kein Entwicklungsprojekt, sondern eine Landepiste für Drogenkuriere.

»Die gute Nachricht zuerst«, hatte die Pressesprecherin der amerikanischen Botschaft, Judith Trunzo, mir am Vortag erklärt: »Die Drogenmafia zieht sich aus Haiti zurück, weil es ihr zu desorganisiert und chaotisch ist. – Hand aufs Herz«, fügte die aus Sizilien stammende Diplomatin hinzu. »Was würden Sie als kolumbianischer Drogenbaron tun in einem Land, wo alles den Bach runtergeht? Nicht nur das hier investierte Geld, auch das Kokain verschwindet spurlos von der Bildfläche!« Ich ertappte mich bei dem Gedanken, daß Mrs. Trunzo nicht die Politik des State Departments, sondern die Interessen der Drogenmafia vertrat, und fragte, was nach der guten die schlechte Nachricht sei. »Sie kennen Afrika und wissen, wie die Lage dort ist. Nicht anders geht es in Haiti zu. Wenn der Präsident nicht all seine Energie und Intelligenz aufwenden müßte, um sich an der Macht zu behaupten, und stattdessen etwas zum Nutzen seines Volkes täte, hätte das Land eine faire Chance. Aber davon kann keine Rede sein.«

Mirebalais, Thomonde, Hinche, Saint Raphaël, St.Michel de l'Attalaye – das Hochplateau wird immer einsamer, doch überall dort, wo sich in Senken Wasser sammelt, finden die Bewohner ihr bescheidenes Auskommen. Nach der Unabhängigkeit 1804 wurde das Agrarland an die Befreiungsarmee verteilt und durch Erbteilung immer weiter parzelliert, so daß es wenig Großgrundbesitzer gibt. An die Stelle der Sklavenarbeit auf großflächigen Plantagen trat eine kleinteilige Subsistenzwirtschaft, die keine Exportüberschüsse produzierte, aber ausreichte zur Selbstversorgung der Bevölkerung. Seit 1950 hat sich die Einwohnerzahl verdoppelt: Die Folge war eine rasante Verstädterung, die die Slums wie Krebsgeschwüre wuchern ließ, sowie der Massenexodus der *Boat People*, die alles auf eine Karte setzten, um ins gelobte Land Florida zu gelangen. Gleichzeitig wurden Haitis letzte Bergwälder gerodet; selbst Steilhänge, an denen die Bauern sich wie Alpinisten anseilen müssen, werden mit Maniok und Mais bepflanzt. Nur zwei Prozent der Oberfläche sind heute noch bewaldet, und der verbliebene Baumbestand ist von 30 000 auf 12 000 Hektar geschrumpft.

»Meine Arbeit ist nur ein Tropfen auf einen heißen Stein«, sagt Michael Kühn vom Lutherischen Weltbund, der in Forêt des Pins an der Grenze zur Dominikanischen Republik ein Wiederaufforstungsprojekt betreut. »Die politische Dauerkrise blockiert die Auszahlung von Hilfsgeldern in Millionenhöhe. Alle mit der Demokratisierung verbundenen Hoffnungen wurden enttäuscht, und Haitis Potenzial zur Selbsthilfe wird durch Apathie gelähmt.«

Die Rückfahrt nach Port-au-Prince wird zum Höllen-Trip wegen des katastrophalen Zustands der Nationalstraße eins, deren Reparatur seit Jahren auf sich warten läßt. Wer es sich leisten kann, weicht auf eine private Fluggesellschaft aus, die dem Transportminister oder Polizeichef gehört, der Interesse daran hat, daß die Piste unpassierbar bleibt, und bei Bedarf Löcher in den Asphalt stanzen läßt. An diesem Wochenende ist *Rara* angesagt, eine von Trommlern und Bläsern angeführte Voodoo-Prozession, bei der Zuckerrohrschnaps in Strömen fließt. Die Straßen werden von singenden und tanzenden Menschen blockiert, ineinander verkeilte Massen halbnackter, schweißglänzender Körper, die in wilder Trance um sich schlagen und weder durch hupende Autofahrer noch durch Polizeisirenen zur Vernunft zu bringen sind. Wir fahren im Schrittempo durch die Menge, unbehelligt inmitten des ringsum tobenden Deliriums – nur ab und zu schlägt ein Betrunkener mit Fäusten gegen die Karrosserie.

»Haiti war früher ein Paradies«, sagt der 80jährige Voodoo-Priester André Pierre, der am Stadtrand von Port-au-

Prince zwischen rostigen Autowracks und pickenden Hühnern an der Staffelei sitzt und malt. In seiner Jugend arbeitete er in der Apotheke meines Großvaters und schmückte Voodoo-Tempel mit Fresken und Gemälden aus, die heute begehrte Sammlerobjekte sind; seine Bilder erzielten Höchstpreise auf den Kunstmärkten von Paris und New York. André Pierre ist ein Mystiker. »Wir sind alle Protestanten, denn wir protestieren gegen Gott und zerstören die Erde, die uns ernährt. Der Voodookult ist der Kraftquell unserer Existenz, aber die Geister der Vorfahren sind nach Afrika zurückgekehrt, weil Haiti seine Unabhängigkeit für eine Handvoll Silberlinge an die USA verscherbelt hat, und ein Geschenk der Götter verkauft man nicht. Hast du schon einmal ein Bild von Satan gesehen?« Er zieht eine Dollarnote aus der Tasche und hält sie prüfend ans Licht. Nein, setzt André Pierre nachdenklich hinzu, nicht der auf dem Geldschein abgebildete George Washington sei an der Misere Haitis schuld, sondern der blinde Drang nach Geld, der die Menschen davon abhalte, ihren Blick zum Himmel zu heben.

Chronik einer angekündigten Diktatur

März 2003

»Es gibt zwei Auswege aus der Krise«, sagt Haitis bekanntester Intellektueller, der Voodoo-Forscher und Soziologe Laënnec Hurbon. »Entweder Saddam Hussein und seine Söhne gehen nach Port-au-Prince ins Exil, oder Haiti zieht an der Seite der USA in den Krieg!« – »Das geht nicht, denn Staatschef Aristide hat die durch Putschversuche belastete Armee abgeschafft und durch eine zivile Polizei ersetzt.« Hurbon lächelt spitzbübisch. »Das macht nichts. Am Tag nach Pearl Harbor erklärte Präsident Lescot Japan und Deutschland den Krieg mit den Worten, haitianische Bombenflugzeuge würden den Himmel über Tokio und Berlin durchpflügen und Terror säen unter der deutschen und japanischen Bevölkerung. Damals bestand Haitis Luftwaffe aus zwei Flugzeugen, von denen nur eins einsatzfähig war!«

Es ist Mitte März, und wir sitzen unter blühenden Bougainvilleen auf einer Hotelterrasse, mit Blick auf die Ebene des Cul-de-Sac und die von kahlen Bergen eingefaßte Bucht von Port-au-Prince. Von den Müllbergen am Hafen steigt schwarzer Rauch, der den Einwohnern der dort errichteten Slums die Luft zum Atmen nimmt; allein in Cité Soleil, das Mutter Teresa bei ihrem Haiti-Besuch als *Fünfte Welt* bezeichnet hat, sind 250 000 Menschen zusammengepfercht. Ein grüner Papagei schaut mich mit großen runden Augen an. Er weiß nichts von den Hiobsbotschaften des Tages, die ich in mein Notizbuch schreibe, über dem im selben Augenblick ein

Malfini genannter Vogel schwebt, der seinem Namen Ehre macht, indem er einen lila Klecks auf dem weißen Papier hinterläßt. Der Ara steckt den Kopf unters Gefieder und hüpft ängstlich im Käfig auf und ab.

Erste Hiobsbotschaft: Eine Passantin, die sich über die Tariferhöhung bei Kollektivtaxis beschwerte, verursacht durch gestiegene Benzinpreise infolge des Irak-Konflikts, wurde von dem entnervten Chauffeur erschossen. Um nicht beim Polizeiverhör gegen den Fahrer aussagen zu müssen, ergriffen die Passagiere die Flucht. »Selbstjustiz auf haitianisch«, schreibt die Tageszeitung LE NOUVELLISTE: »Welch ein Wind der Intoleranz weht durch das Land, wenn ein rechthaberischer Chauffeur eine Frau, die die gestiegenen Lebenshaltungskosten beklagt, durch einen Kopfschuß von ihren Sorgen erlöst!«

Zweite Hiobsbotschaft: Auf der Entbindungsstation des Hospitals Isaïe Jeanty hat ein mit der Behandlung unzufriedener Polizist seine Dienstwaffe gezogen und auf den Arzt gefeuert, der seine bettlägerige Frau behandelte. Die Kugel verfehlte ihr Ziel. Der Arzt kam mit dem Schrecken davon, aber die Frau des Polizisten war so geschockt, daß sie auf der Stelle starb.

Dritte Hiobsbotschaft: Der Generaldirektor der *Police Judiciaire*, Jeannot François, hat sich aus Haiti abgesetzt, nachdem er vergeblich versucht hatte, Evintz Brillant, den Chef der Drogenfahndung, aus dem Gefängnis zu befreien: Beider Namen stehen auf einer Liste des Kokainschmuggels verdächtiger Polizeioffiziere, denen die US-Botschaft kürzlich die Visen entzogen hat. Aus Sicht Washingtons ist Haiti ein Schurkenstaat, weil die in den USA und Kanada ausgebildete Polizei von der kolumbianischen Drogenmafia unterwandert wurde. »Wir haben keine Möglichkeit, den Luftraum zu kontrollieren«, erklärt Polizeisprecher Nesly Lucien unter Anspielung auf ein Flugzeug, das im Februar auf einer Hauptverkehrsstraße von Port-au-Prince landete, die von Polizisten weiträumig abgesperrt worden war; dem Vernehmen nach hatte das Flugzeug 800 Kilo, anderen Angaben zufolge eine Tonne Kokain an Bord. »Wenn ich wüßte, wo das Kokain geblieben ist, würde ich es Ihnen zeigen«, fügt der Pressesprecher hinzu, der sich außerstande sieht, zu erklären, warum Drogenfahnder kurz darauf drei Kokaindealer verhaftet und im Polizeigewahrsam erschossen haben: »Mehr, als in den Zeitungen stand, kann ich dazu nicht sagen«, fügt er achselzuckend hinzu und verweist auf die Erklärung seines obersten Dienstherrn Aristide, der Drogenhandel sei ein nordamerikanisches Problem, denn dort werde das in Haiti umgeschlagene Kokain konsumiert. In einem Vertrag mit Aristides Amtsvorgänger Preval hätten die USA sich verpflichtet, Drogenkuriere zur See, zu Lande und in der Luft abzufangen, eine Aufgabe, mit der Haitis unterfinanzierte und schlecht ausgerüstete Polizei überfordert sei.

Gleichzeitig meldet die Zeitung LE NOUVELLISTE, daß der Dollarkurs, ebenso wie der Benzinpreis, einen noch nie dagewesenen Höchststand erreicht: Ein US-Dollar kostet 50 Gourdes, zehnmal soviel wie unter Baby Doc, die Arbeitslosigkeit liegt bei 70 Prozent, und Grundnahrungsmittel wie Milchpulver und Reis sind für die meisten unbezahlbar geworden. Seit 1997 haben sich die Lebenshaltungskosten verdoppelt, während die Staatsausgaben durch die Geldentwertung auf die Hälfte zusammengeschmolzen sind. Der Dauerstreit zwischen Regierung und Opposition blockiert 500 Millionen Dollar Hilfsgelder, weil beide sich nicht auf einen Minimalkonsens einigen können. Die Kontrahenten schieben sich gegenseitig den schwarzen Peter zu und prügeln wie bei einer Kneipenschlägerei auf die als Vermittler entsandten OAS-Diplomaten ein. Gleichzeitig bewilligte die Regierung 15 Millionen Gourdes für den Karneval in der Hauptstadt Port-au-Prince, nach dem Motto des Sängers Guy

Durosier *Tambou frappé Aisyen contan* (Wenn getrommelt wird, sind die Haitianer froh), und auf Hauswänden und Mauern wird Aristide zum Präsidenten auf Lebenszeit proklamiert, während seine Anhänger die internationale Gemeinschaft und die aus dem Libanon stammende, neureiche Oberschicht für alle Mißstände verantwortlich machen: *Ipokrit débloké* (Heuchler, gebt Geld!) und *Titid pou toujou* (Aristide für immer) lauten die Slogans, von denen man sagt, der Staatschef habe sie persönlich verfaßt.

Bilder aus dem Alltag einer Gesellschaft am Rande des Nervenzusammenbruchs, die, während der Staat durch Abwesenheit glänzt, täglich tiefer im Chaos versinkt, und zugleich Belege für jene drei Stichworte, die in Haiti jedes Gespräch beherrschen: Die allgemeine Teuerung, die weitverbreitete Unsicherheit und die öffentliche Straflosigkeit. Die *Haitiade* wird zur *Jeremiade* beim Versuch zu verstehen, warum die zweitälteste Republik der Neuen Welt sich hoffnungslos in fremden und selbstgelegten Fallstricken verheddert hat.

Haiti – der beste Alptraum der Welt hieß der Titel eines 1991 erschienenen Buches von Herbert Gold, der zusammen mit Graham Greene, Maya Deren und Jonathan Demme zu den auswärtigen Fans des bitterarmen Inselstaats gehört, dessen Tragik schon damals nur durch Ironie kommensurabel zu machen war. Inzwischen hat der karibische Alptraum seine grellen Farben, seine Süße und Schärfe eingebüßt und hinterläßt, wie ein abgestandener Rumcocktail, einen schalen Beigeschmack. Die mit dem Amtsantritt des Befreiungstheologen Jean-Bertrand Aristide geweckten Hoffnungen auf eine demokratische Zukunft haben sich nicht erfüllt, und am Vorabend der 200-Jahr-Feier seiner Unabhängigkeit steckt das aus einer Sklavenrevolte hervorgegangene Land in der tiefsten Krise seiner mit Blut geschriebenen Geschichte. Nach Vertreibung der von Napoleon entsandten Truppen, die in

Frankreichs reichster Kolonie die vom Nationalkonvent abgeschaffte Sklaverei wiedereinführen wollten, riß Jean-Jacques Dessalines, der Anführer der Aufständischen, das weiße Feld aus der Trikolore und rief mit heiserer Stimme. »Haiti hat seine Unabhängigkeit schon erklärt – mit einem Bajonett als Schreibfeder, dem Schädel eines Weißen als Tintenfaß und seinem Blut als Tinte!« Anschließend befahl er die Ermordung aller im Lande verbliebenen Franzosen und krönte sich selbst zum Kaiser, bevor er einem Attentat zum Opfer fiel.

Dessalines' Devise *Couper têtes, brûler cayes* (Köpfe abschneiden, Häuser niederbrennen), ein martialischer Reflex auf die Brutalität von Kolonialherren und Konquistadoren, hat die Herausbildung rechtsstaatlicher Institutionen verhindert in einem Land, dessen Regierung immer wieder von kleptokratischen Eliten usurpiert worden ist. Die Hypothek der Kolonialzeit lastete schwer auf dem jungen Staat, der bis zum Ende des 19. Jahrhunderts Reparationszahlungen an Frankreich überwies, die jetzt zurückgefordert werden als symbolische Wiedergutmachung für die Greuel der Sklaverei. Aber der Hinweis auf Haitis historisches Erbe reicht zur Erklärung seines heutigen Elends nicht aus.

Wie kommt es, daß der ehemalige Salesianer-Pater Aristide, der glaubhaft und überzeugend den Wunsch der Ärmsten der Armen nach gewaltloser Überwindung der Misere verkörperte, in die Fußstapfen diktatorisch regierender Vorgänger tritt und nicht nur von ausländischen Beobachtern, sondern auch von seinen Landsleuten mit Tyrannen wie Papa Doc verglichen wird, während das vergleichsweise liberale Regime von Jean-Claude Duvalier, alias Baby Doc, rückblikkend fast als goldenes Zeitalter erscheint? Haben die Haitianer ein zu kurzes Gedächtnis, oder fehlt ihnen das Augenmaß, wenn sie eine gewählte Regierung, die Presse- und Meinungsfreiheit garantiert, gleichsetzen mit der langen

Nacht der Diktatur, in der die Mordkommandos der Tonton Macoutes auf Menschenjagd gingen?

Die Antworten auf diese Fragen fallen, je nach Standpunkt des Gesprächspartners, unterschiedlich aus, und die diametral entgegengesetzten Auskünfte, die man bekommt, sind keine Lösung, sondern Teil des Problems.

»Aristide ist tot, tot, tot«, sagt der für seine künstlerische und politische Integrität geschätzte Maler und Schriftsteller Frankétienne, das kulturelle Gewissen der Nation: »Er hat Haiti völlig heruntergewirtschaftet und diplomatisch isoliert, aber unser Volk ist es gewohnt, von Zombies regiert zu werden. Titid ist kein Befreiungstheologe, sondern ein Clown, der sich nicht entblödet, in bezahlten Fernsehspots *Vive Aristide!* zu rufen. Gegen seine populistische Demagogie hat die Opposition keine Chance: Sie besteht aus städtischen Intellektuellen und hat keinen charismatischen Politiker hervorgebracht, der ihm das Wasser reichen kann.«

Jean-Claude Bajeux, Leiter des ökumenischen Zentrums für Menschenrechte, sieht das anders. Der Ex-Priester, Kulturminister im ersten Kabinett Aristide, hat sich enttäuscht von diesem abgewandt, aber er warnt davor, das *Lavalas*-Regime gleichzusetzen mit einer totalitären Diktatur: »Anders als unter Papa Doc herrscht heute Meinungsfreiheit, und die Zeitungen nehmen kein Blatt vor den Mund. Aber die angestrebte Präsidentschaft auf Lebenszeit ist nicht kompatibel mit Demokratie, und hinter der pluralistischen Fassade macht sich ein Einparteiensystem breit: Regimekritiker werden von Schlägertrupps terrorisiert, ins Exil getrieben oder durch Einschüchterung mundtot gemacht. Gleichzeitig kauft Aristide private Radio- und Fernsehsender auf, die das Bewußtsein der Analphabeten nachhaltiger prägen als die Printmedien. Seit der Ermordung des Rundfunkreporters Jean Dominique lebt Haiti in einer angekündigten Diktatur.«

Der Deutsche Michael Kühn, der im Auftrag des Lutherischen Weltbunds Selbsthilfeprojekte betreut, macht die extreme Polarisierung für den Stillstand des öffentlichen Lebens verantwortlich. Die Entpolitisierung unter Baby Doc habe einer selbstzerstörerischen Dynamik Platz gemacht; Haitis Gesellschaft sei in tödlich zerstrittene Lager gespalten, zwischen denen keine Kommunikation mehr stattfinde, und den politischen Akteuren gehe es nur um Eroberung oder Erhalt der Macht.

»Haiti gibt es nicht mehr«, sagt der Maler und Voodoopriester André Pierre, der am Stadtrand von Port-au-Prince an der Staffelei sitzt und malt, während auf dem Nachbargrundstück eine Betonmischmaschine rumort. Seine Frau serviert bittersüßen Kaffee, von dem wir den ersten Schluck auf die Erde schütten, denn die Seelen der Vorfahren sind durstig. »Die Voodoogötter haben uns verlassen«, erklärt der Altmeister der haitianischen Kunst und deutet auf sein in Arbeit befindliches Gemälde, auf dem die Liebesgöttin Erzulie Fréda ein bunt beflaggtes Schiff besteigt: Der Meeresgott Agoué bläst in ein Muschelhorn und weist ihr den Weg ins Jenseits, das auf kreolisch Guinea heißt. »Haiti hatte eine historische Chance, aber wir haben sie nicht genutzt«, sagt André Pierre und schließt die Tür des dem Totengott Baron Samedi geweihten Tempels hinter sich.

Haitis zweite Kulturrevolution

Dezember 2003

Die Geschichte wiederholt sich nicht – oder doch? Was in diesen Tagen auf den Straßen von Port-au-Prince und anderen großen Städten Haitis passiert, erinnert verblüffend an die Studentenrevolte vom Winter 1945/46, die den ungeliebten Präsidenten Elie Lescot aus dem Amt fegte. Damals kam es zu Unruhen von Schülern und Studenten im Anschluß an einen Vortrag von André Breton, der im *Cinéma Rex* die Prinzipien der surrealistischen Revolution erläuterte und, unter Berufung auf Rimbaud, zur Entriegelung der Sinne aufrief. Als Vertreter des von der deutschen Besatzung befreiten Frankreichs genoß Breton besondere Autorität, denn das Ende des Zweiten Weltkriegs hatte auch in Haiti Hoffnungen auf Veränderung geweckt, die destabilisierend wirkten auf das von Washington abhängige Regime. Präsident Lescot ließ das dem Surrealismus gewidmete Sonderheft der Zeitschrift LA RUCHE (Die Wabe) verbieten und ihren Herausgeber, den jungen Dichter René Depestre, ins Gefängnis sperren. Die Botschafter Frankreichs und der USA forderten seine sofortige Freilassung, die Arbeiter der Hauptstadt traten in den Streik, die Regierung stürzte, und nach seiner Befreiung aus der Haft wurde der neunzehnjährige Depestre im Triumphzug durch die Straßen getragen. Nach Aussagen von André Breton, der, zur *Persona non grata* erklärt, Haiti verlassen mußte, war dies die einzige surrealistische Revolution, die diese Bezeichnung wirklich verdient hat. Daß auch René Depestre bald darauf des Landes verwiesen wurde und als

Kronzeuge der Négritude in Paris mit offenen Armen empfangen wurde, bevor es ihn über Prag, Peking und Hanoi nach Havanna verschlug, steht auf einem anderen Blatt.

Auch heute wird in Port-au-Prince wieder täglich demonstriert, aber anders als ihre deutschen Kommilitonen, die für bessere Studienbedingungen streiken, fordern Haitis Studenten den Rücktritt des Staatschefs Aristide, der bei seinem Amtsantritt vor zwölf Jahren die Hoffnungen des gesamten Volkes, insbesondere der Jugend und der Intellektuellen, in sich verkörperte. Auf den Sturz des Priester-Präsidenten, der nach nur sechsmonatiger Regierungszeit von Putschisten aus dem Amt gejagt wurde, reagierte die internationale Gemeinschaft mit einer von US-Marines unterstützten Militärintervention, die im Herbst 1994 fast ohne Blutvergießen über die Bühne ging. Seit der Rückkehr an die Macht, die er seinem Freund Bill Clinton verdankt, hat Aristide sein Image als Märtyrer der Befreiungstheologie verspielt und nach seiner getürkten Wiederwahl auch den letzten Rest an Glaubwürdigkeit eingebüßt: Mit Aristides Wissen oder Duldung wurden die Slums der Hauptstadt, Cité Soleil und La Saline, zu Hochburgen des Medellín-Kartells, das Regierung und Polizei unterwanderte und Haiti zur Drehscheibe im internationalen Drogenhandel machte, dem einzigen Geschäft, das im ärmsten Land Amerikas derzeit boomt.

»Trop sang coulé, fok Aristide alé« (zuviel Blut ist geflossen, Aristide muß weg) skandieren in kreolischer Sprache die Studenten, mit denen sich Gewerkschaften und Unternehmer, Professoren und Intellektuelle, Frauengruppen, Kirchenvertreter und selbst Voodoopriester solidarisieren in einem alle Schichten erfassenden, gewaltlosen Protest, der die euphorische Aufbruchsstimmung nach der Flucht von Jean-Claude Duvalier ins Gedächtnis ruft. Damals, 1986, begann die politische Karriere des Salesianer-Paters und Armenpriesters Jean-Bertrand Aristide, dessen hilfloses Taktieren heute an die letzten Tage von »Baby Doc« Duvalier erinnert: Es handle sich um eine Minderheit gewalttätiger Demonstranten, so lautet die offizielle Sprachregelung, doch die Regierung halte die Hand zur Versöhnung ausgestreckt. Das ist doppelt zynisch, wenn man bedenkt, daß die Gewalt nicht von den Studenten ausgeht, sondern von bezahlten Gegendemonstranten, im Volksmund Schimären (*Chimères*) genannt: Bewaffnete Lumpenproletarier, unter ihnen Kinder und Jugendliche, die, mit Drogen oder Geld geködert werden und straffrei morden, plündern und vergewaltigen dürfen. Am 6. Dezember 2003 stürmten die Schlägertrupps den Campus der staatlichen Universität, legten Feuer an ein Gebäude, verwüsteten Klassenräume und Lesesäle, stahlen Computer und brachen dem Rektor, Pierre Pacquiot, mit Eisenstangen die Beine, nachdem sie zahlreiche Studenten niedergeknüppelt hatten. Dutzende von Verletzten durch Steinwürfe, Machetenhiebe und Schußwunden waren die traurige Bilanz, während ein brutaler Polizeieinsatz in Haitis zweitgrößter Stadt Gonaives mindestens fünf Menschenleben forderte, darunter das eines zwölfjährigen Jungen. Die Erziehungsministerin Marie-Carmel Austin trat daraufhin von ihrem Posten zurück – was Aristides Pressesprecher Mario Dupuy mit dem zynischen Satz kommentierte, die Ministerin habe lediglich finanzielle Unregelmäßigkeiten vertuschen wollen. Auch der Generaldirektor des Gesundheitsministeriums und Haitis Botschafter in der Dominikanischen Republik legten aus Protest ihre Ämter nieder.

Die Demonstrationen zeigten Wirkung: Nicht nur populäre Musiker der Voodoo-Rockbands Sweet Mickey und Boukman Experyans reihten sich in das von Andy Apaid geführte Bündnis von 184 Organisationen ein, auch hochrangige Vertreter der nach Auflösung der Armee neugeschaffenen Polizei sind zu den Demonstranten übergelaufen, allen voran Aristides früherer Sicherheitschef Dany Toussaint, der sich rühmt, nach dem Rücktritt des Präsidenten innerhalb von 24 Stunden Ordnung schaffen zu können, was nichts Gutes verheißt.

Der Zorn der Studenten richtet sich nicht nur gegen das korrupte Regime, sondern auch gegen die nach Haiti entsandten Diplomaten der Organisation Amerikanischer Staaten (OAS), deren über Jahre sich hinziehende Vermittlungsversuche nicht nur kein Ergebnis gebracht, sondern Aristide den Rücken gestärkt haben sollen. Dieser Vorwurf ist politisch ungerechtfertigt, aber psychologisch verständlich in einem Land, wo der Kauf eines Autos für die Mehrheit der Bevölkerung unerschwinglich ist und ein Dienstwagen ein enormes Privileg darstellt. Umso höher ist zu bewerten, daß die aus der Oberschicht stammenden Fahrer spontane Autokonvois bildeten, um protestierende Studenten vor Übergriffen von Polizisten und *chimères* zu bewahren. »Heute habe ich zum ersten Mal in meinem Leben mit Tränengas Bekanntschaft gemacht«, sagte eine hellhäutige Bewohnerin des Nobelvororts Pétionville, während auf der Straße vor ihrem Haus Tausende Demonstranten einen Slogan vom Pariser Mai 1968 skandierten: »Wir sind eine kleine radikale Minderheit!« – »Die Studenten waren sehr höflich«, fuhr die Dame fort, »und haben mir gezeigt, wie man sich mit einem nassen Tuch vor der Wirkung des Gases schützt.«

Der Countdown läuft, aber Aristide scheint entschlossen, die Krise auszusitzen bis zur nächsten Präsidentschaftswahl, mindestens aber bis zur Zweihundertjahrfeier der Unabhängigkeitserklärung Anfang Januar. Obwohl Haitis Intellektuelle zum Boykott der Feier aufriefen, haben sich prominente Besucher angesagt, allen voran eine hochrangige Delegation aus Südafrika. Die Diplomaten erhielten einen Vorgeschmack dessen, was sie in Haiti erwartet, als sie in Begleitung des Premierministers Yvon Neptune Gonaives besuchten: Ihr Fahrzeugkonvoi wurde von einer aufgebrachten Menschenmenge umringt und zwei Polizeiautos gingen in Flammen auf. Deren

Insassen solidarisierten sich mit den Demonstranten und übergaben den Anführern des Protests Waffen, Geld und Geheimpläne zur Niederschlagung der Opposition: Kein gutes Omen für das bevorstehende Jubiläum der zweitältesten Republik der Neuen Welt.

Blutiger Karneval

März 2004

Mit der Behauptung, von US-Marines gekidnappt und mit Waffengewalt zum Verlassen des Landes gezwungen worden zu sein, spielte Haitis gestürzter Präsident seine letzte Trumpfkarte aus. In Telefoninterviews aus Bangui, der Hauptstadt der zentralafrikanischen Republik, hatte Aristide einen Sprengsatz gelegt, der von seinem politischen Scheitern ablenken und die Befriedung der tödlich zerstrittenen haitianischen Gesellschaft erschweren sollte. Damit verfolgte der Ex-Präsident ein doppeltes, ja sogar dreifaches Ziel: Er mobilisierte die ihm noch verbliebenen Anhänger in den Elendsvierteln von Port-au-Prince, spaltete die internationale Gemeinschaft und polarisierte die öffentliche Meinung der USA, deren afro-amerikanischer Lobby die Solidarität mit dem korrupten Präsidenten wichtiger war als Pressefreiheit und Demokratie. Wie man munkelt, war dabei Geld im Spiel: Aristide hat die Pflege seines politischen Image in den USA mit fünfstelligen Beträgen aus Haitis bankrotter Staatskasse bezahlt.

Die Strategie ging in allen Punkten auf, und die erklärte Absicht, Menschenleben zu schonen und Blutvergießen zu vermeiden, mit der der Regierungschef seinen vorzeitigen Abgang begründete, entpuppte sich je nachdem als frommer Wunsch oder als zynische Doppelzüngigkeit: Ein weiterer Beleg für den Widerspruch zwischen Wort und Tat, der Aristides zweite Amtszeit durchzog.

Der Präsident selbst hatte den Mob mobilisiert, der, um den Vormarsch der Rebellenarmee zu stoppen, Port-au-

Prince in Flammen aufgehen ließ; daß es sich um einen Fall von Cäsarenwahn, und nicht um spontanen Volkszorn handelte, zeigte sich schon am nächsten Tag, als Aristide seine Anhänger zurückpfiff und den Ausschreitungen Einhalt gebot. Das alles hat politische Beobachter kaum überrascht, denn die Erinnerung an den Sklavenaufstand, dem Haiti seine Unabhängigkeit verdankt, war hierzulande immer präsent. Überraschender ist, daß die fünfzehn Mitglieder der karibischen Staatengemeinschaft Caricom Aristide auf den Leim gingen und sich nicht an der von den USA, Frankreich und Kanada getragenen Intervention beteiligten. Aus Angst, einen Präzedenzfall zu schaffen und den Sturz einer gewählten Regierung zu sanktionieren, war außer Chile und Brasilien kein lateinamerikanisches Land bereit, die Verantwortung zu übernehmen: Angesichts der Menschenrechtsverletzungen seines Regimes ein diplomatischer Erfolg für Jean-Bertrand Aristide.

Die gewalttätigen Ausschreitungen, die Aristides unfreiwilligen Abgang begleiteten, haben hierzulande Tradition: Friedlicher Machtwechsel ist die Ausnahme, bewaffneter Putsch die Regel, und die Slumbewohner profitieren vom Interregnum, indem sie Supermärkte und Lebensmitteldepots plündern. Geschichte und Gegenwart sind in Haiti nicht durch eine Berliner Mauer getrennt, und die Sklavenrevolte von 1791 kann sich jederzeit wiederholen in einem Volk, das seine Nationalhelden in Voodoo-Zeremonien beschwört.

Trotzdem waren die Umstände von Aristides Sturz mehr als ein historisches Déjà-Vu und stellten alles in den Schatten, was Haiti seit Jahrzehnten durchlitten hatte, einschließlich des Endes der Duvalier-Diktatur. Damit sind nicht die über hundert Toten gemeint – an einem einzigen schiitischen Feiertag im Irak kamen mehr als doppelt soviel Menschen ums Leben – sondern das Ausmaß der Zerstörung, das die schlimmsten Befürchtungen übertraf: Allein in Port-au-Prince wurden zahlreiche Läden und Geschäfte, Hotels und Restaurants, Bürogebäude und Tankstellen niedergebrannt, und das in einem total heruntergewirtschafteten Land, dessen Bevölkerung mit weniger als einem Dollar am Tag auskommen muß! Haitis Mittelklasse hat sich nie von den Folgen des gegen die Militärjunta verhängten Embargos erholt, und was nicht Aristides Mißwirtschaft zum Opfer fiel, wurde in einer sinnlosen Gewaltorgie zerstört.

Noch schwerer wiederherzustellen als die materielle Infrastruktur ist die moralische: Wie soll Vertrauen in Rechtsstaat und Demokratie geweckt werden in einer Gesellschaft, die Diebstahl, Mord und Vergewaltigung ungesühnt läßt und all diejenigen belohnt, die am brutalsten zuzuschlagen und sich am schamlosesten zu bereichern verstanden?

Unter diesen Umständen wird das *Nation Building* zu einer schier unlösbaren Aufgabe, und die Frage, ob Aristide freiwillig Haiti verlassen hat oder nicht, erscheint von sekundärer Bedeutung. Zwar übten Washington und Paris massiven Druck auf ihn aus, aber angesichts des Vormarschs der Rebellen blieb Aristide keine andere Wahl, als Haiti zu verlassen, da der von UNO und OAS angestrebte Kompromiß zwischen Regierung und Opposition auf wackligen Füßen stand: Politische Vernunft hat hierzulande keine Tradition, Konsens und Kompromiß sind in Haiti Fremdwörter.

Jean-Bertrand Aristide hat seine Anhänger, zu denen die Mehrheit der Intellektuellen und sogar Teile der Oberschicht gehörten, auf der ganzen Linie enttäuscht: Nach seiner triumphalen Rückkehr aus dem Exil hatte der frühere Armenpriester zehn Jahre Zeit, seinen salbungsvollen Worten Taten folgen zu lassen. Statt dessen ließ er die Bevölkerung immer tiefer im Elend versinken und öffnete dem kolumbianischen Drogenkartell Tür und Tor.

Aber auch ein weniger irrational agierender Politiker hätte Haitis Probleme nicht lösen können: Angesichts der Überbevölkerung und Umweltzerstörung auf der einstigen Perle der Antillen ist es dafür vermutlich zu spät.

Anstelle eines Nachworts

Reise zum Pol der relativen Unzugänglichkeit

Antarktische Notizen

1

Stellen Sie sich vor, Scott und Amundsen hätten ihren Wettlauf zum Südpol nicht mit Hundeschlitten und Skiern, sondern barfuß, in Badehosen angetreten. So ähnlich kam ich mir vor, als ich im Januar 1994, in Turnschuhen und Shorts, an Bord des Eisbrechers ging, der mich von Buenos Aires in die Antarktis befördern sollte; in Argentinien war Hochsommer, und beim Umsteigen in London war der Koffer mit meiner Polarausrüstung am Flughafen Heathrow zurückgeblieben. »Das brauchst du aber«, hatte die Verkäuferin im Berliner Expeditionsshop, deren sportliche Bräune direkt aus dem Ozonloch zu stammen schien, gesagt, während sie die Antarktis-Kollektion auf dem Ladentisch ausbreitete: Die Schnürstiefel aus Goretex, den Fleece-Anorak mit eingebautem Windbreaker, die Gletscherbrille und den sogenannten Kopfpariser – nicht zu vergessen die Socken und langen Unterhosen von Helly Hansen: »Damit dir nicht bei minus 40 Grad der Arsch abfriert«. In diesem Geschäft war alles aus Fleece, zu deutsch Faserpelz, und jeder Artikel kostete 239 Mark, einschließlich der Verkäuferin; nur das Du war umsonst.

»Ich dachte, Sie sind Haiti-Experte,« sagte der Redakteur der deutschen Wochenzeitung, dem ich vergeblich versucht hatte, den Unterschied zwischen Arktis und Antarktis klarzumachen: »Oder handelt es sich um Tahiti? Schreiben Sie bloß nichts über Eisberge und Pinguine, das hatten wir schon. Fünf bis sechs Blatt zu dreißig Zeilen mit sechzig Anschlägen, mehr ist nicht drin.«

Anstatt dampfender Eisberge sah ich einen dämmrigen Schiffskorridor vor mir, in dem der Quartiermeister mir eine spartanisch eingerichtete Kabine zuwies: Camarote 0310. Der Seesack auf der oberen Bettkoje gehörte Bruno, einem Architekten aus Buenos Aires, der jeden Sommer in die Antarktis fährt: Er baut dort Fertighäuser, die nach ein paar Jahren, wie Ziehharmonikas verformt, im Eis versinken oder mit einem kalbenden Gletscher ins Meer stürzen. Trotz seiner Proteste wurde Urs, der mich begleitende Schweizer Tauchfotograf, der sich unter Walen wohler fühlt als unter Menschen, in einer Mannschaftskabine unter Deck mit argentinischen Matrosen einquartiert. Wir rückten zusammen und räumten ihm einen Schlafplatz in unserer Kabine ein; Urs revanchierte sich, indem er meinen aus London eingeflogenen Koffer an Bord brachte – buchstäblich in letzter Minute. Die Schiffssirenen tuteten bereits, und an der Kaimauer spielten sich herzzerreißende Szenen ab: Familienväter verabschiedeten sich von ihren aus Kleinwagen quellenden Familien, und grell geschminkte Seemannsbräute küßten tätowierte Matrosen, die Kofferradios und Kisten mit Dosenbier auf den Schultern trugen. Dann wurde die Gangway hochgezogen, und das Schiff lief durch eine schmale Fahrrinne in den Rio de la Plata ein. Es war drei Uhr früh, und die Skyline von Buenos Aires versank hinter dem nachtdunklen Horizont, während ich unter einem kreisenden Radarschirm auf dem obersten Deck spazierenging und das Kreuz des Südens bewunderte, bei dem es sich, wie sich am nächsten Morgen herausstellte, um die Lichter von Montevideo am Nordufer des Flusses gehandelt hatte.

2

Die »Almirante Irizar«, so benannt nach einem mutigen Marineoffizier, der 1903 die Schiffbrüchigen der im Packeis gestrandeten Nordenskjöld-Expedition rettete, wurde 1978 auf der Wärtsila-Werft in Helsinki erbaut, ist 120 Meter lang, 25 Meter breit, 9,5 Meter tief und 12,5 Meter hoch. Das Schiff wog 4 600 Tonnen und hatte 665 Tonnen Ladung, 250 Tonnen Dieselöl, 100 Tonnen Kerosin, 100 Tonnen Wasser, 100 Tonnen Lebensmittel und 233 Mann Besatzung an Bord (ohne Passagiere), die auf fünf übereinandergeschichteten Decks in 75 Kabinen untergebracht waren. Die Leistung der mit Dieselöl angetriebenen Elektroaggregate beträgt 16 200 PS, Höchstgeschwindigkeit 8,8 m/sec (=16,5 Knoten), die maximale Reichweite des Schiffes (bei Wassertemperaturen zwischen -1,1 und +20 Grad und Lufttemperaturen zwischen -35 und +30 Grad Celsius) lag bei 36 000 Seemeilen, und zum Löschen der Ladung standen zwei Kräne mit einer Nutzlast von jeweils 16 Tonnen und ein Hubschrauberlandeplatz mit Hangar für zwei Helikopter zur Verfügung. Es gab acht Offiziersmessen, ein ozeanographisches Labor, eine metereologische Station, die Tiefdruckgebiete und Eisdrift mit computergesteuertem Radar registrierte, eine Klinik mit Operationssaal, Großküche, Bäckerei, Wäscherei, Fitnesszentrum mit Sauna, Friseursalon und Bibliothek, und die Kommandobrücke war per Radio, Satellit, Telex und Fax mit der Außenwelt verbunden.

Die militärische Hierarchie an Bord war ein Spiegelbild der argentinischen Gesellschaft: Bei den unteren Dienstgraden, *cabos* und *subcabos*, Matrosen und Unteroffizieren, herrschten dunklere Hautfarbe und indianische Gesichtszüge vor, während die höheren Ränge europäischer Abstammung waren. Als Gast des Marineministeriums hatte man mich in der obersten Etage eingestuft, eine Ehre, die außer mir keinem anderen Passagier zuteil wurde: Ich durfte am Kapitänstisch speisen, im *Comedor de los comandantes,* denn wir hatten nicht nur einen, sondern ein halbes Dutzend Kapitäne an Bord, die sich mit den Kommandeuren von Heer und Luftwaffe mittags und abends zu einem ausgedehnten Gelage versammelten, dem sogenannten *Olymp,* wo der Rotwein in Strömen floß und zum Nachtisch stets Götterspeise gereicht wurde.

Wie ich von einem mitreisenden Meeresbiologen erfuhr, wurde die giftgrüne Gelatine nicht aus Schweineknochen, sondern aus Makroalgen hergestellt, die er zu Forschungszwecken in der Minibar seiner Kajüte deponierte. Hinter seiner ständig wiederholten Frage: »How big is your Minibar?« stand kein Whisky-, sondern Wissensdurst. Außer dem Algenexperten, der mit seiner neuseeländischen Assistentin vierhändig auf dem Computer spielte, war ein deutscher Ornithologe an Bord, dessen blonde Freundin durch Sonnenbäder auf Deck das Augenmerk der Götter im Olymp auf sich zog. Jedesmal, wenn das diesbezügliche Gespräch die Grenzen des Anstands überschritt, warf General Leal, der Senior der argentinischen Antarktisforschung, der beim Essen den Vorsitz innehatte, seine Serviette als Fehdehandschuh auf den Tisch und rief seine Untergebenen zur Ordnung. Neben drei Technikern aus Madrid, die auf dem antarktischen Inlandeis Antennen installieren wollten, war ein italienischer Wissenschaftler an Bord, der jeden Tag im Laderaum sein Ozonmeßgerät inspizierte, Spektrofotometer oder *Brewer* genannt. Der aus Rom stammende Ozonforscher lud mich ein, ihn in Terranova an der Küste des Rossmeers zu besuchen, wo Messmer und Fuchs sich nach ihrer Antarktisdurchquerung mit Spaghetti den Bauch vollgeschlagen haben sollen. Während Carlo mir den Mund wässrig machte nach Pizza und Pasta, Espresso und Cappuccino – das Essen auf der *Almirante Irizar* war gut und reichlich, aber es bestand fast ausschließlich aus *bife,* argentinischem Rindfleisch – brachte ich ihm zungenbrecherische Vokabeln bei, die zur Orientierung an Bord unerläßlich waren: Camara, camareta und camarote, pasaje, pasadillo und pasadizo – Messe, Kabine und Kajüte, Korridor, Gang und Flur.

Wir hatten Punta del Este links und Mar del Plata rechts liegengelassen. Der Südatlantik war subtropisch warm; statt eines blasenden Wals tauchte ein Hammerhai aus den Wellen auf, und an Stelle von Albatrossen wehte der Wind Wolken von Mistkäfern auf Deck, deren Chitinpanzer bei jedem Schritt unter unseren Schuhsohlen knackten. Am nächsten Morgen roch es penetrant nach Duftwässerchen; das Schiff hatte vor einer Ölraffinerie angelegt, auf deren Pipeline Kormorane saßen, und die Matrosen warfen sich in Schale, um am Hafen von Ingeniero White auf Brautschau zu gehen.

3

Die »Roaring Forties« und die »Screaming Fifties« – so heißt das Seegebiet vor der Küste von Patagonien – trugen ihren Namen zu Recht. Der Westwind türmte die langgezogene Atlantikdünung zu furchterregender Höhe auf, schwere Brecher gingen auf Bug und Heck nieder, auf den Flügeln des Sturms schwebten Albatrosse und stießen im Sturzflug auf das Schiff herab. In Höhe der Falklandinseln wurde die gesamte Besatzung an Deck beordert; Offiziere und Mannschaften traten zum Appell an, ein Trompeter blies einen traurigen Salut, dessen Töne der Wind auseinanderriß, und ein Kranz wurde zu Wasser gelassen, der im Kielwasser des Schiffes rasch davontrieb. Vielen der Anwesenden standen Tränen in den Augen beim Gedanken an ihre Kameraden von der *General Belgrano*, die nicht weit von hier im Mai 1982 von dem britischen Atomunterseeboot *Conqueror* versenkt worden war und 321 Matrosen in den Tod gerissen hatte, deren Gebeine in 4.000 Metern Tiefe auf dem Meeresgrund ruhten. Die *Almirante Irizar* hatte im Falklandkrieg als schwimmendes Lazarett gedient, auf dem auch verwundete Engländer versorgt wurden, und, von britischen U-Booten bedrängt, in einem Konvoi sowjetischer Fischtrawler Schutz gesucht.

Am nächsten Morgen tobten als Frankenstein- und Draculamonster maskierte Zombies durch die Schiffskorridore – ein Vorgeschmack auf die Südpolarkreistaufe, die mich am 67. Breitengrad erwartete. Wir hatten die stürmische Drake-Passage durchquert und die antarktische Konvergenz erreicht, eine brodelnde Hexenküche, in der das warme Wasser des Südatlantik sich mit vom Inlandeis abfließendem, salzhaltigem Tiefenwasser vermischt. Den meisten Passagieren war schlecht. Der Bordarzt teilte Pillen gegen Seekrankheit aus und klebte mir ein Pflaster hinters Ohr, das die Übelkeit noch verschlimmerte. Ich fühlte mich elend und zerschlagen; beim Anblick der schaukelnden Wellen, des schwankenden Fußbodens und der in den Angeln quietschenden Tür stieg Brechreiz in mir hoch. Wie im Traum glitt ein bläulich schimmernder Eisberg vor dem Bullauge vorbei; der Nebel lichtete sich, und ich sah zwei Eselspinguine auf einer Eiskante stehen und kopfüber ins Wasser springen, in dem sie wie Formationsschwimmer auf- und wieder untertauchten. Dann kam Land in Sicht: schwarze Basaltfelsen bewachten die Einfahrt in eine von grünlichen Gletschern gespeiste Bucht; Möwen und Sturmvögel kreuzten über dem mit Eisbrocken gesprenkelten Wasser. Pinguine promenierten über den steinigen Strand vor der Silhouette eines Tafelbergs, in dessen Windschatten sich orangefarbene Wohncontainer duckten; darüber flatterte die blauweiße argentinische Fahne. Vor uns lag Jubany, eine Forschungsstation auf King-George-Island, wo außer Argentinien, das diesen Teil der Antarktis für sich beansprucht, noch zahlreiche andere Nationen vertreten sind: Chile, Brasilien, Uruguay, Peru, Polen, Rußland, China und Südkorea. Auf den der Küste vorgelagerten Inseln, wo das Klima milder ist als im Innern des Kontinents, hat der Mensch die Ureinwohner der Antarktis, Robben und Pinguine, aus ihren angestammten Lebensräumen verdrängt; die großen Seesäugetiere, Wale und See-Elefanten, wurden schon früher, im 19. Jahrhundert, weitgehend ausgerottet.

Ich habe Wissenschaftler verschiedener Nationen danach gefragt, aber keiner konnte mir überzeugend erklären, was die Menschheit auf dem vereisten Kontinent sucht – abgesehen vom Nervenkitzel, der sportlichen und technischen Herausforderung; so besehen sind Südpolreisen vergleichbar mit Spaziergängen ins All. Obwohl der Antarktisvertrag von 1959 und das Madrider Protokoll von 1991 keine territorialen Ansprüche anerkennen und Lagerung bzw. Einsatz von Waffen sowie die Ausbeutung natürlicher Ressourcen für die nächsten fünfzig Jahre untersagen, leisten sich vierzig Staaten den kostspieligen Luxus, halb- oder ganzjährig bemannte Stationen im ewigen Eis zu unterhalten – unter ihnen die Bundesrepublik und bis zur Wende auch die DDR. Vielen von ihnen dient die Wissenschaft, also das Messen längst bekannter Daten, die heute von Satelliten übermittelt werden, nur als Vorwand, um Flagge zu zeigen und politisch präsent zu sein für den Tag X, an dem der Run auf die unter dem Eis vermuteten Bodenschätze beginnt. Noch ist die Antarktis eine Zone des Friedens, in der arme und reiche Nationen gleichberechtigt zusammenarbeiten, aber die Verteilungskämpfe der Zukunft kündigen sich bereits in den Materialschlachten an, die in den kurzen Sommermonaten vor der vereisten Küste toben. Das Zauberwort heißt Logistik, weil alles, vom Benzinkanister bis zum Öltank und vom Schraubenzieher bis zum Fertighaus, aus dem Heimathafen hierher und später als Müll wieder zurückgeschafft werden muß. Rund um die Uhr starteten und landeten auf dem Helikopterdeck der *Almirante Irizar* Transporthubschrauber, die Treibstoff und Nahrungsmittel, Schneemobile und Wohncontainer, Wissenschaftler und

Journalisten nach Jubany beförderten. Ich hielt Urs am Gurt seines Anoraks fest, während er sich aus der offenen Luke beugte und ein von Rissen zerfurchtes Gletscherfeld fotografierte, über das wir niedrig hinwegdonnerten. Eisiger Wind fegte durchs Cockpit, der meine zu Fäusten geballten Hände vor Kälte erstarren ließ. Wir überflogen einen von Möwen umkrächzten Tafelberg, der wie eine mittelalterliche Burgruine aussah, und landeten auf einer Betonpiste am Strand, vor der Männer in orangenen Overalls winkend zusammenliefen. Die Pinguine hatten beschlossen, unsere Ankunft zu ignorieren, kehrten dem Helikopter den Rücken zu und blickten gelangweilt aufs Meer hinaus.

4

Die Atmosphäre in Jubany – und in jeder anderen Station, die ich später besucht habe – erinnert an eine Mischung aus Zeltlager und Jugendherberge. Die Männer tragen Dreimonatsbärte und sehen bleich und abgezehrt aus wie Gefängnisinsassen; auch die Frauen wirken verhärmt, obwohl der obligatorische Overall ihre Konturen plump und unförmig erscheinen läßt. Die Begrüßung ist wortkarg, als hätten sie im antarktischen Winter das Sprechen verlernt – dabei sind die meisten nur den Sommer über hier. In den überheizten Unterkünften riecht es nach ungelüfteten Schlafsäcken; nasse Socken hängen an den Fenstern, und vor den Türen trocknen Gummistiefel. Ein Ornithologe aus Jena lädt mich in seinen Wohncontainer ein; der Kühlschrank seines Labors ist mit Beck's Bier gefüllt. Er heißt Hans und hat mehrere Jahre auf sowjetischen Stationen in der Antarktis zugebracht. Wichtigstes Ereignis seines Lebens war nicht der Fall der Mauer und die deutsche Wiedervereinigung, sondern die Tatsache, daß eine von ihm beringte Raubmöwe in Grönland gesichtet wurde. Voller Stolz krempelt er sich die Ärmel hoch und zeigt mir die von Skuas geschlagenen Narben auf seinem Unterarm.

Als wir vor die Tür treten, ist draußen eine Begrüßungszeremonie im Gang, zu der ein Staatssekretär aus Bonn und der Leiter des Meeresforschungsinstituts aus Bremerhaven nach Jubany gekommen sind. Das Kreuzfahrtschiff *Bremen,* auf Jungfernfahrt in der Antarktis, ist in die Bucht eingelaufen, an deren anderem Ufer die *Polarstern* vor Anker geht; ein Kamerateam des ZDF ist eingeflogen, um die Einweihung eines deutsch-argentinischen Forschungsprojekts zu filmen. Nach den üblichen Festreden spricht der Bordpfarrer der *Almirante Irizar* ein Gebet, das ich auf deutsch übersetzen muß. Dann wird der aus Bremerhaven mitgebrachte Sekt entkorkt, aber niemand hat daran gedacht, daß es in der Antarktis keine Gläser gibt. Noch dazu schlägt das Wetter um, die Helikopter haben Start- und Landeverbot, und die hohen Herrschaften prosten einander mit Pappbechern zu, bevor eiskalter Wind sie in die Wohncontainer treibt.

5

Hans hat mir seine Gummistiefel geliehen und die Brutstätten der Pinguine am andern Ende der Insel mit Bleistift skizziert, aber der Weg dorthin ist äußerst beschwerlich; schon nach den ersten Schritten werde ich von wütenden Raubmöwen attackiert, die ihre auf Berghängen gelegenen Nester verteidigen. Hitchcock hätte hier, ohne gestellte Bilder und optische Tricks, den Film *Die Vögel* drehen können: Wie Stukas im zweiten Weltkrieg greifen die Skuas in gestaffelten Formationen an und stoßen mit scharfen Schnäbeln und harten Fängen, die Schwimmhäute zwischen den Zehen gespreizt, auf mich herab, zuerst das Männchen, dann das Weibchen; kaum habe ich mich von dem Schrecken erholt, schießen sie, um mich aus ihrem Revier zu vertreiben, erneut im Tiefflug über meinen Kopf hinweg. Mit fuchtelnden Armen setze ich mich gegen die Attacken zur Wehr und schwenke Mütze und Handschuhe durch die Luft, wobei ich bis zu den Knöcheln und dann bis zu den Knien im Permafrostbodeneinsinke, aus dem ich mich nur mit Mühe wieder befreien kann; ein Gummistiefel steckt im Schlamm fest; ich baue aus Steinen ein Fundament und nehme das Stativ von Urs' Kamera zu Hilfe, um den mit Wasser gefüllten Stiefel aus dem Schlick zu ziehen. So stelle ich mir Europa am Ende der Eiszeit vor: Gletscherzungen haben Mergel, Kies und Geröll aufgehäuft, durch das Schmelzwasser rieselt; es gluckst unter dem Schnee; in den Sommermonaten weicht der Boden auf zu grundlosem Morast, in dem der Wanderer wie im Treibsand versinkt. Ich überquere, von Stein zu Stein hüpfend, ein Flußbett, den Spuren von Stiefeln folgend, deren Profil sich tief in die mit Wasser vollgesogenen Moose und Flechten eingeprägt hat; die Fußabdrücke sollten noch Jahre später zu sehen sein.

Der mühselige Marsch hat sich gelohnt, denn als ich den letzten Skua-Angriff abgewehrt habe, liegt vor mir ein mit Walknochen übersäter Strand, der, soweit das Auge reicht, von Pinguinen wimmelt: Eselspinguine, Zügelpinguine und Adeliepinguine, die hier in getrennten Brutstätten auf engstem Raum zusammenleben – hat sich ein Jungvogel in die falsche Kolonie verirrt, wird er mit Schnabelhieben verjagt. Es riecht wie in einer Hühnerfarm: Ich wate im Pinguinkot, den der Krill, die Hauptnahrung der Vögel, rosa und lila färbt, bevor er sich als grauer Guano auf den Felsen ablagert. Die Pinguine haben keine Scheu vor Menschen und auch nicht vor Skuas, die ihre Nester ausplündern, Eier stibitzen und Jungvögel oder kranke Tiere töten – als Gegenleistung vertreiben sie Raubvögel aus dem Revier und schützen so die gesamte Kolonie. Männliche und weibliche Pinguine wechseln sich bei der Nahrungssuche ab, verfolgt von den flauschigen Jungen, die ihre Eltern so lange belästigen, bis diese ihnen halbverdaute Portionen Krill in die gierig geöffneten Schnäbel würgen. Gleich daneben streiten zwei Sturmschwalben um einem von Seeleoparden ausgeweideten Pinguin, und eine Skua zerrt einem verendeten Jungvogel die Därme aus dem Leib.

Ich nehme in einer von der Sonne angewärmten, windgeschützten Felsnische Platz und schließe die Augen, um dem Fiepsen und Piepsen zu lauschen, mit dessen Hilfe ein Pinguin unter Tausenden von Artgenossen seinen Partner und seinen Nachwuchs erkennt. Das Plätschern der Wellen lullt mich ein, und es kommt mir vor, als seien die Pinguine, die ohne Heizung im ewigen Eis der Antarktis überwintern, intelligente Lebewesen, deren Sprache ich verstehen kann. Als ich aus dem Tagtraum erwache, bemerke ich, daß die grauen Felsbuckel vor mir See-Elefanten sind, die reglos am Strand liegen und auf Betten von Tang schlummern. Nur ab und zu räkelt sich eine der kolossalen Kühe im Schlaf und kratzt sich mit der Vorderflosse die Brust, aus deren Zitze eine vorwitzige Skua Milch saugt. Als ich näher komme, mustern sie mich mißbilligend mit runden Augen, aus denen dicke Tränen kullern; dann erhebt sich der Leitbulle, bläht den Rüssel zu imponierender Größe auf und trompetet wie ein Elefant: So stellt der Strandmeister unmißverständlich klar, wer in seinem Harem den Ton angibt.

6

Ich überspringe die beiden nächsten Stationen unserer Reise: Half Moon-Bay, wo deutsche U-Boote im zweiten Weltkrieg ein Depot anlegten, und Deception Island, wo Kreuzfahrttouristen bei Temperaturen unter Null Grad im Meer baden: Ein aktiver Vulkan macht's möglich. Noch heißer als der Vulkan ist Zusanna Tigre, die Chefin der Forschungsstation, die jeden Mann, der sich in diesen entlegenen Winkel der Welt verirrt, mit Haut und Haaren verschlingt. Ich übergehe derartige Gerüchte mit Stillschweigen und begebe mich schnurstracks zum 67. Breitengrad, damit die angekündigte Südpolarkreistaufe endlich stattfinden kann. Schon seit Tagen hallen Lautsprecherdurchsagen durchs Schiff, in denen Ungetauften der Tod angedroht wird, und im Bordfernsehen sitzt ein Inquisitionstribunal über die Neulinge zu Gericht. Da ich unentschuldigt beim Essen gefehlt und über Witze gelacht habe, die ich nicht verstand, werde ich dazu verurteilt, als Gaucho verkleidet Strophen des argentinischen Nationalepos *Martín Fierro* aufzusagen, und zur Belohnung nehme ich mit Neptuns Gefolge auf der Ehrentribüne Platz. Was dann passiert, ist eine Mischung aus Kindergeburtstag und Sexualorgie: Nach dem Spießrutenlaufen durch die Schiffskorridore werden die Täuflinge unter Deck zusammengetrieben und aus Feuerwehrschläuchen bespritzt; anschließend bekommen sie Bärte und Haare gestutzt und werden in Bottiche mit Spülwasser getunkt, mit Sägespänen bestreut, mit Elektroschocks gequält und mit verbundenen Augen zur Hinrichtung geführt. Das Lachen bleibt mir im Halse stecken beim Gedanken an die Folteropfer des argentinischen Militärregimes, deren Mütter jeden Donnerstag auf der Plaza de Mayo demonstrieren, um Aufklärung über das Schicksal ihrer verschwundenen Angehörigen zu erlangen. Was dort als nationale Tragödie endete, wird hier zur Farce; die Neugetauften küssen Neptun die mit Senf und Ketchup bestrichenen Füße und lassen sich Arm in Arm mit ihren Folterknechten in Siegerposen fotografieren. Auch mir bleibt die peinliche Prozedur nicht erspart: Als Gaucho kostümiert, werde ich in eine stinkende Schmutzbrühe getaucht, in Sägespäne gewälzt und mit eiskaltem Wasser bespritzt.

7

Die *Almirante Irizar* ist tief ins Wedellmeer vorgestoßen. Das Packeis, das der Nordenskjöld-Expedition und Shackletons *Endurance* zum Verhängnis wurde, haben wir in weitem Bogen umschifft und nähern uns dem 75. Breitengrad, wo eine Eisbarriere den Robbenfänger James Weddell zur Umkehr zwang; weiter südlich, vor der Küste des antarktischen Kontinents, soll sich um diese Jahreszeit eine schmale Fahrrinne öffnen, durch die wir zu der im Inlandeis gelegenen Basis Belgrano II gelangen können, deren Vorgängerin, Belgrano I, mit einem kalbenden Gletscher im Meer versank. Von nun an ist das Eis der Hauptakteur meiner Geschichte; trieb es anfangs nur als Fettauge auf der Suppe, ist es inzwischen zu Eisbrei geronnen, auf dem Eispfannkuchen schwimmen, von sauber ausgestanzten Kuchenstücken bis zu runden Eistorten. Dann kommen Tafeleisberge in Sicht, breit wie Fußballfelder und hoch wie Kathedralen, aus deren Fenstern violettes Licht glimmt, als würde im Innern bengalisches Feuer abgebrannt. Verlagert sich der Schwerpunkt eines Eisbergs, dreht er sich um die eigenen Achse und löst eine Flutwelle aus, die ein Schlauchboot zum Kentern bringen kann, wobei der Eisberg die mit roten Algen bewachsene Unterseite nach oben kehrt; je nach Alter und Konsistenz ist die Oberfläche löchrig wie Schweizerkäse, rissig wie Parmesan oder wie Roquefort mit giftgrünem Schimmel marmoriert.

Auf den Schollen, die der Eisbrecher krachend ineinander schob, lagen fette Weddellrobben, die erst im letzten Augenblick, wenn das hochragende Deck wie ein Fallbeil über ihnen schwebte, witternd den Kopf hoben. Kaiserpinguine, nicht in Herden, sondern paarweise auftretend, wie es sich für Majestäten geziemt, übersahen geflissentlich das am Südpol gestrandete Raumschiff Enterprise und setzten unbeeindruckt ihre einsamen Wanderungen fort. Im eisfreien Wasser tauchten Orkas, Buckelwale und Zwergwale zum Atemholen auf und bliesen meterhohe Gischtfontänen übers Meer; und die Ornithologen auf der Brücke hatte alle Hände voll zu tun, um die Seevogelarten zu bestimmen, die den Walen den Krill wegschnappten. Dann war auch das zu Ende: Die *Almirante Irizar* nahm Anlauf, ihr Bug hob sich, daß die Whiskyflaschen aus den Regalen fielen, und schob sich knirschend aufs Eis, das von Tag zu Tag kompakter geworden war. Die Eisdekke hielt, kein Beben erschütterte sie, keine Bruchkante lief im Zickzack über sie hin und füllte sich mit Wasser, in dem das Eis in Schollen abtrieb und versank. Die Stunde der Wahrheit war gekommen: Wie in alten Abenteuerromanen saßen wir im Packeis fest.

8

Nicht einen oder zwei – zehn Tage lang trat die »Almirante Irizar« auf der Stelle und fuhr in einem immer enger werdenden Wasserloch im Kreis herum. Während dessen rotierte die Sonne wie eine Flipperkugel, die niemals Tilt macht, rings um den Horizont – nicht das Frankreich Ludwigs XIV., der antarktische Sommer war das Reich, in dem die Sonne nicht unterging. Die Stimmung an Bord war gereizt. Die Kapitäne versammelten sich zum Konklave auf der Kommandobrücke, und die Frage, ob wir nach Nord oder Süd, vor- oder zurückfuhren, wurde zuerst ungnädig und dann gar nicht mehr beantwortet. »Gerade Sie als Schriftsteller,« sagte Fregatte hoch zwei, so genannt, weil er von Beruf Fregattenkapitän war und in seiner Freizeit Fregatten malte, »sollten wissen, daß die kürzeste Verbindung zwischen zwei Punkten nicht immer eine gerade Linie ist!«

Vergeblich warteten wir auf den sogenannten katabatischen Wind, der die Eismassen in Bewegung setzt. Statt dessen brachte ein britischer Helikopter von der HMS *Endurance*, die ebenfalls im Eis festsaß und deren Funkverkehr wir seit Tagen mithörten, uns die Nachricht, eine Wetterbesserung sei nicht in Sicht; alles sähe nach verfrühtem Wintereinbruch aus. Die Küste des antarktischen Kontinents, die mit ihren Gletschern zum Greifen nahe lag, war plötzlich in unerreichbare Ferne gerückt. Die Stimmung war gedrückt: Die spanischen Wissenschaftler machten lange Gesichter, weil sie ihre Antennen nicht aufbauen konnten, und der Ozonforscher aus Rom machte vorsorglich sein Testament, in dem er mir seinen Spektrofotometer, *Brewer* genannt, zu treuen Händen hinterließ.

Wie nicht anders zu erwarten, hat es auch mich erwischt. Beim Jogging auf dem Helikopterdeck rutschte ich auf einer vereisten Pfütze aus und sah plötzlich Sterne – flirrende Eiskristalle tanzten in der frostklaren Luft. »Salzwasser gefriert bei minus drei Grad«, dachte ich beim Blick auf die in der Kälte dampfende See, in die ich beinahe gefallen wäre, und nahm mir vor, alles aufzuschreiben, bevor ich vor Schmerz die Besinnung verlor. Als ich aus der Narkose erwachte, hatte man meine ausgekugelte Schulter wieder eingerenkt – dem freundlichen Schiffsarzt sei gedankt! Nach einwöchiger Rekonvaleszenz wurde ich von der chilenischen Basis Teniente Marsh mit einer Herkules-Militärmaschine nach Rio Gallegos und von dort nach Buenos Aires ausgeflogen.

Den Pol der relativen Unzugänglichkeit habe ich nicht erreicht – aufgrund meiner persönlichen Unzulänglichkeit. Er liegt östlich des geographischen Pols, auf halbem Weg zwischen der Schirmacher-Oase, benannt nach dem Kommandeur der Schwabenland-Expedition von 1938, und der russischen Station Wostok, wo 89 Grad unter Null gemessen worden sind (Kältepol). Meine teure Spezialausrüstung habe ich nicht gebraucht, denn der antarktische Sommer war milder als der letzte Winter in Berlin. Die Frage, ob daran das Ozonloch schuld ist, könnte nur das Spektrofotometer beantworten, und das ist inzwischen, zusammen mit seinem italienischen Besitzer, nach Rom zurückgekehrt.

Textnachweise

Die hier aufgeführten, in Zeitungen und Zeitschriften erschienenen Beiträge wurden vom Autor überarbeitet, aktualisiert und, je nachdem, erweitert oder gekürzt.

»Wer oder was ist postkolonial?«, FAZ, 3. 1. 2003

»Land ohne Schatten«, gekürzte Fassung, DIE ZEIT, 19. 5. 2004

»Der widerlichste Beutezug der Geschichte«, gekürzte Fassung, LITERATUREN, 6/2002

»Monrovia, mon amour«, DER TAGESSPIEGEL, 26. 7. 2003

»Goethe in Douala«, DIE WELT, 31. 1. 2004

»Ich tanze, also bin ich«, DIE WELT., 11. 10. 2003

»Borges und Ich«, LETTRE INTERNATIONAL, IV/1993

»Der dicke Dichter und der dünne General«, LETTRE INTERNATIONAL, II/1998

»Wo die Mittagssonne im Norden steht«, DIE WELT, 23. 6. 2001

»Ungestraft unter Palmen«, LETTRE INTERNATIONAL I/1999

»Ein unordentliches Meisterwerk«, DIE WELT, 19. 10. 2001

»Diwan und Despotie«, LETTRE INTERNATIONAL, I/2001

»Der Anblick von Fremden tut Japanern weh«, DER TAGESSPIEGEL, 27. 9. 1999

»Ein Zen-Meister der Literatur«, DER TAGESSPIEGEL, 17. 3. 2001

»Blackout in Port-au-Prince«, MERIAN, Oktober 1994

»Chronik einer angekündigten Diktatur«, FAZ, 31. 3. 2003

»Haitis zweite Kulturrevolution«, FAZ, 19. 12. 2003

»Blutiger Karneval«, gekürzte Fassung, DU, April 2004

»Reise zum Pol der relativen Unzugänglichkeit«, DIE ZEIT, 13. 3. 1994